August Fournier

Eine amtliche Handlungsreise nach Italien im Jahre 1754

Ein neuer Beitrag zur Geschichte der österreichischen Kommercialpolitik

August Fournier

Eine amtliche Handlungsreise nach Italien im Jahre 1754
Ein neuer Beitrag zur Geschichte der österreichischen Kommercialpolitik

ISBN/EAN: 9783743405431

Hergestellt in Europa, USA, Kanada, Australien, Japan

Cover: Foto ©Suzi / pixelio.de

Manufactured and distributed by brebook publishing software (www.brebook.com)

August Fournier

Eine amtliche Handlungsreise nach Italien im Jahre 1754

Harvard College Library

FROM THE

LUCY OSGOOD LEGACY.

"To purchase such books as shall be most
needed for the College Library, so as
best to promote the objects
of the College."

Received

EINE

AMTLICHE HANDLUNGSREISE

NACH ITALIEN

IM JAHRE 1754.

EIN NEUER BEITRAG

ZUR

GESCHICHTE DER ÖSTERREICHISCHEN COMMERCIALPOLITIK

VON

DR. AUGUST FOURNIER,

O. Ö. PROFESSOR AN DER K. K. DEUTSCHEN UNIVERSITÄT PRAG.

WIEN, 1888.

IN COMMISSION BEI F. TEMPSKY

BUCHHÄNDLER DER KAIS. AKADEMIE DER WISSENSCHAFTEN.

Aus dem Archiv für österreichische Geschichte (LXXIII. Bd., I. Hälfte, S. 223) separat abgedruckt.

Druck von Adolf Holzhausen,
k. k. Hof- und Universitäts-Buchdrucker in Wien.

In meiner akademischen Schrift über ‚Handel und Verkehr in Ungarn und Polen um die Mitte des 18. Jahrhunderts' meinte ich, wo von den im Auftrage des Staates unternommenen Handlungsreisen die Rede ist, den wahrscheinlichen Verlust des Berichtes über eine solche Fahrt beklagen zu müssen, die im Jahre 1754 nach Oberitalien unternommen worden war.[1] Glücklicherweise hat sich diese Befürchtung als nicht gerechtfertigt erwiesen: der Bericht ist erhalten, und wenn auch nicht im Originale, so doch im Concept einer amtlichen Copie, welche Maria Theresia am 27. März 1755 ihrer königlichen Repräsentation in Böhmen übersandte. Der die Sendung begleitende Erlass lautet: ‚Liebe Getreue. Aus der beygehenden abschriftlichen Relation werdet Ihr des mehreren ersehen, wasmassen unser Mährischer Commercial-Consessus eine Reise nach Italien und Unsere benachbarte Lande unternehmen lassen, um dadurch sowohl in die Känntniss der Ersten Wechsel- und Kaufmannshäuser, als jener Inn- und Ausländischer Waaren zu kommen, die zu einem vortheilhaften Debit und nützlichen Baratto dienen können. Die hiebey erhobene Muster theilen wir dem Consessui Commerciali zu seiner Einsicht und darüber zu machenden näheren Ueberlegung hieneben mit, befehlen auch zugleich, dass Selber sich hierüber fordersamst mit dem Mährischen Consessu Commerciali einverständigen und demselben specificè anzeigen solle, welche von denen gang und gebigsten oder anverlangten Innländischen Waaren bey Euch, auch in was für Qualitaet, Breite, Länge und Preiss, entweder bereits vorfindig, oder doch zu erzeugen seyn dürfften; wie solcher sich denn überhaupt mit demselben, sowie mit der in

---

[1] Archiv für österr. Geschichte, LXIX. Bd., zweite Hälfte, S. 357.

Nieder-Oesterreichischen Commercien-Sachen delegirten Hof-Commission, in eine regulirte gegenseitige Correspondenz setzen und ein Land dem andern die in linea Commerciali diensame Nachrichten mittheilen soll; da im Uebrigen die beygehende Muster Ihr ehestens zu Handen Unseres Commercien-Direktorii wieder zurückzusenden bedacht seyn werdet.'¹

Die diesem Decrete beiliegende Relation zerfällt, gleich dem Elaborat über die später unternommene Handelsfahrt nach Ungarn und Polen, in zwei Theile: a) in den eigentlichen Reisebericht, von den Berichterstattern ‚Protokoll‘ genannt, und b) in Reflexionen über das Gesehene und Erfahrene. Ich vermuthete in meiner früher angezogenen Arbeit, deren Kenntniss ich bei dem Leser dieses Nachtrags voraussetzen darf, die Reisenden nach Italien wären dieselben beiden Männer gewesen, die Jahrs darauf nach Osten und Norden gingen: der junge Graf Otto Haugwitz und der Brünner Manufacturen-Inspector Procop. Das ist jedoch, wie sich nun herausstellt, nur bezüglich des Zweiten richtig. Mit Procop war 1754 Graf Alois Podstatzky nach Italien gereist, der dann, weil er in Wien nöthig war, bei der nächsten Fahrt durch Haugwitz ersetzt wurde.²

Die Reisenden nahmen ihren Weg über Graz und Laibach nach Fiume und Triest, und ihre Angaben über die Handelszustände an diesen Orten, insbesondere bezüglich der letztgenannten Stadt, sind von dem grössten Interesse. (Wie aus einer Vergleichung mit der Relation von 1756 hervorgeht, ist auch hier Procop als Hauptberichterstatter anzusehen.) Darauf wandten sie sich über Görz nach Venedig, welches damals noch mit scharfen Waffen dem aufstrebenden Rivalen an der Adria zu Leibe ging, und über Ferrara nach dem durch seinen Julimarkt in der ganzen Handelswelt berühmten Sinigaglia. Dann ward der Hafen von Ancona besucht, von wo die Reisenden über Foligno nach den toscanischen, d. i. damals kaiserlichen Plätzen

---

[1] Von Degelmann verfasstes, von Neffzer revidirtes und mit dem Visum Chotek's versehenes Concept des Commerz-Directoriums. Archiv des Ministeriums des Innern, V. G. 12. 60 ex Martio 1755.

[2] So resolvirte Maria Theresia am 27. März 1755 auf einen Vortrag des Commerz-Directoriums vom 9. Februar, welches Procop und Podstatzky auch für die ungarisch-polnische Reise in Vorschlag gebracht hatte. Hofkammer-Archiv, Böhmen, Commerz, Fasc. 2.

von Florenz und Livorno fuhren, die sich nicht weniger als Triest
der besonderen Rücksicht und Sorge Franz I. erfreuten. Lucca,
Bologna, Modena, Reggio, Parma, Piacenza, Pavia wurden
hierauf kurz berührt, bis Mailand Gelegenheit zu eingehender
Unterrichtung bot. Von da kehrten die Reisenden zurück, in-
dem sie den Weg über Cremona, Mantua, Verona nach Tirol
wählten, wo nach kurzer Rast in Ala, Roveredo und Trient
das wichtige Bozen, damals noch in voller Blüthe, besichtigt
und studirt wurde. Dann ging es mit Aufenthalten in Innsbruck,
Hall, Salzburg, Linz und Krems heimwärts nach Wien. Ueber
alle die genannten Orte ist mehr oder weniger eingehend ge-
handelt: bei den meisten derselben sind die eigenen Fabrica-
tionen, die gangbarsten Artikel mit ihren Preisen, die wichtigsten
Firmen angegeben, auch welche Verbindungen man im Namen
der mährischen Export-Compagnie angeknüpft habe und welche
Geschäfte man da und dort in die Bahn zu richten gedenke;
auf Geld, Mass und Gewicht ist überall Rücksicht genommen.
Im Ganzen aber ist der Rapport doch weniger detaillirt als der
bereits von mir am angeführten Orte veröffentlichte über die
Reise des folgenden Jahres, so wichtig und historisch werth-
voll auch die dargebotenen Notizen sind.

Dagegen sind die Reflexionen, mit denen die Berichterstatter
ihre Wahrnehmungen begleiten, von besonderem geschichtlichen
Interesse und verdienen nicht minder als das Protokoll in ex-
tenso mitgetheilt zu werden. Sie zerfallen in vier grössere
Capitel. Das erste ordnet die in den italienischen Städten gemachten Erfahrungen mit Rücksicht auf die einzelnen Waaren-
gattungen: bei welchen derselben der österreichische Export
und was er zu wünschen übrig lasse, und wie ihm der Weg
zu ebnen wäre. Ein zweiter Abschnitt beschäftigt sich mit dem
Triester Seehandel und dessen Zukunft; ein dritter lässt noch-
mals die besuchten Orte, auch die erbländischen, Revue passiren,
um bei Besprechung eines jeden derselben Vorschläge anzu-
bringen, welche sämmtlich die Hebung des Handelsverkehrs
mit dem Auslande im Auge haben; ein vierter endlich handelt
im Besonderen von Mährens commerciellen Verhältnissen und
wie dieselben durch die Gründung von Handelsgesellschaften,
durch Erleichterungen für die fremden Capitalisten, durch
Standeserhöhungen und sonstige Auszeichnungen für die ein-
heimischen Grosshändler in Flor zu bringen wären. In diesem

letzten Capitel finden sich bereits deutlich die Grundlagen der
österreichischen Exportpolitik in Hinsicht auf Ungarn und Polen,
wie sie später in den Reflexionen zum Reisebericht von 1756
des Breiteren dargelegt worden sind, angemerkt.[1] Schon hier
heisst es, man müsse trachten, ‚denen Hungarn alles, was sie
nur brauchen, in denen benachbarten Erbländern zu verschaffen, und ihnen die Abnahme aus fremden beschwerlich
zu machen', wozu eine Brünner Messe in Vorschlag gebracht
wird, und schon hier äussert sich die Absicht, mit den Polen
einen einträglichen Austauschhandel, mit Troppau als Stapel-
platz, einzuleiten, d. i. sie von Breslau dahin abzulenken. Dass die
erste Informationsreise der Delegirten des mährischen Commerz-
consesses nicht sogleich nach Ungarn und Polen, sondern
vorerst nach Italien ging, hat seine Erklärung wohl darin,
dass Podstatzky und Procop nicht blos im Auftrage der
mährischen Interessenten, d. i. der Brünner Lehnbank, welche
allerdings die Kosten der Reise trug, sondern vor Allem in
dem des Central-Commerz-Directoriums in Wien reisten, und
wir wissen, dass es gerade die ersten Fünfzigerjahre des
vorigen Jahrhunderts waren, in denen sich die Regierung Maria
Theresias ganz besonders für Triest und seinen Aufschwung
interessirte, der mit demjenigen Livornos Hand in Hand
gehen und die dominirende Concurrenz Venedigs und Ham-
burgs ebenso aus dem Felde schlagen oder doch einschränken
sollte, wie man im Norden das Uebergewicht von Breslau
und Leipzig zu mindern trachtete.[2] Unter diesem Gesichts-
punkte aufgefasst, lag das nördliche Italien, von dem neben
Toscana dazumal bekanntlich auch Mailand und Mantua der
habsburgischen Herrschaft unterthan waren, nahe genug, um
es in die grosse Conception des österreichischen Export- und
Baratthandels einzubeziehen.

Die Sammlung von Waarenproben, Massen, Tarifen,
Tabellen etc., im Ganzen 60 Stück Beilagen, auf welche in
der Relation verwiesen wird, ist wohl ebenso zerstoben und
verschollen wie die von der ungarisch-polnischen Reise heim-

---

[1] Archiv für österr. Geschichte, LXIX, 362 ff.
[2] Vgl. Löwenthal, Geschichte von Triest, S. 180 ff.; Arneth, Maria
Theresia, IV, 80 f.; Ranke, Sämmtl. Werke, XXX, 40 f.; Fechner,
Die handelspolitischen Beziehungen Preussens zu Oesterreich, S. 227 f.;
Archiv für österr. Geschichte, LXIX, 355.

gebrachte Mustercollection. Wenn in dem hier folgenden Abdrucke des Berichtes die Bezugnahme darauf gleichwohl nicht unterdrückt wurde, so geschah dies vor Allem aus dem Grunde, weil daraus die Umsicht und der Eifer erhellen, mit welchen die beiden Reisenden ihrer Aufgabe gerecht zu werden suchten. Welches die schliesslichen Ergebnisse dieser Fahrt waren und welchen Einfluss der Bericht darüber auf die Commercialpolitik des Staates ausgeübt hat, lässt sich im Einzelnen allerdings nicht constatiren. Vielleicht ist die Errichtung der Triester Handelsbörse im nächstfolgenden Jahre zum nicht geringen Theile auf die Anregung unserer Berichterstatter zurückzuführen,[1] vielleicht sind auf ihre Mittheilungen hin im Jahre 1756 die Görzer Stände, als sie die Widerrufung des Essito-Zolledictes von 1750 für Rohseide begehrten, abgewiesen worden[2] u. dgl. m. Jedenfalls hat das Commerz-Directorium dem Berichte sein Lob nicht versagt, und wie wenig es die Vorschläge der Reisenden von der Hand gewiesen, lehrt der Umstand, dass kurz nach der Heimkehr derselben und der Vorlage ihrer Relation Ungarn und Polen wirklich als Absatzgebiete für die erbländische Industrie ganz besonders ins Auge gefasst wurden, so dass schon am 19. Mai 1755 Procop mit Haugwitz die Fahrt in die beiden Länder antreten konnte.[3] Manche freilich von den unterschiedlichen Absichten und Vorsätzen, welche die italienische Handlungsreise gezeitigt hatte, mögen im Drange des bald darauf neu ausbrechenden Krieges untergegangen sein.

---

[1] Löwenthal, Geschichte von Triest, I, 195.
[2] Czoernig, Görz, I, 830.
[3] Der Bericht über die italienische Reise ist nicht datirt. Dass dieselbe jedoch im Jahre 1754 unternommen wurde, lehrt die wiederholte bestimmte Angabe in den Reflexionen über die Reise von 1755/56, dass die Fahrt nach Italien in dem genannten Jahre stattgefunden, und die in dem Votum des Commerz-Directoriums über den Bericht enthaltene Bemerkung, dass die Mustercollection ihr schon am 7. Januar 1755 vorgelegen habe. Nur in einem Punkte schränkte die Oberbehörde ihr Lob ein: die Berichterstatter hätten Mähren allzusehr berücksichtigt, wo doch, insbesondere beim Export von Leinenwaaren, Böhmen vor Allem in Betracht komme.

A. Das Reiseprotokoll.

1. Gratz.

Stadt und Land handlet an eigenen Productis mit gedruckter Leinwand, so aus Landesflachs erzeuget und zu Gratz in denen drey Fabriquen des Farovino, Koch und Certahede gedruckt wird. Erstere ist die stärkeste, Letztere aber hat nach erlangtem Privilegio hierzu den Anfang gemachet und solle jährlich bis 20,000 Stuck meist nach Italien und Spanien verschleissen, nunmehro aber die weitere Einfuhr in Spanien verbothen worden seyn. Die Leinwand ist gantz ordinaire, 1 Gratzer Elle breit, 16 lang, und in völliger Breite gepacket, anbey von viererley Sorten, das Stuck à 5, 6, 7 et 8 Fr, wie dann auch viererley gebleichte Leinwand, 52 Ellen lang, à 7, 8, 9, 10 Fr hierzu genommen wird.[1]

Eisen-, Kupfer- und Messing-Waar wird nach Italien verschlissen, auch viele Sensen und Sicheln auf der Mur in Hungarn und Türkey. Der Messing-Preyss-Courant wird erst erwartet, um zu sehen, ob solches in Mähren und andere Länder mit Vortheil zu verschleissen? Kupfer- und Eisenwaar aber bekommt Mähren leichter aus Hungarn. Grünspan wird der Centner à 35 Fr und Berggrün à 50 Fr fabriciret und verkauffet. Letzteres ist besser aus Hungarn zu haben und Ersteres noch nicht gut genug, um das französische zu entbehren. Speyk-Kraut wird von dem hierzu privilegirten Negotianten Dobler häuffig gesammelt und über Triest, Venedig nacher Alexandria und Egypten denen dasigen Völkern zum Waschen beym Gottesdienst zugesendet, und sonst in Commercio nicht gebrauchet, wäre ihme also zu lassen. Pfund-Leder wird gemacht und etwas nach Saltzburg und Bayern verschlissen im Preyss à 33, 34 und 35 Fr. Die Grazer Zwirn-Fabrique und Filatorium ware aus Garn- und vielleicht Geldmangel samt der im nehmlichen Hauss befindlichen Rossoglio-Fabrique müssig, und die vorgewiesene Zwirn-Proben nicht schön weiss, sondern schwartzblaulicht. Die Directorin Türmannin hat den genauesten Preyss

---

[1] Unter Fr ist der Wiener Gulden (= 60 xr.) verstanden.

deren Garn-Mustern N° 1 franco in Wienn gelegter zu wissen verlangt.[1]

Der Handel mit Erb- und Ausländischen Waaren besteht: 1° in Tüchern, die Elle von 1 bis 4 Fr, die geringsten bis 1 Fr 18 auch 24 xr werden zwar theils aus denen drey Böhmischen Landen, weiters aber, und bis auf 2 Fr, aus Preussisch-Schlesien und Sachsen, und die noch feinern von Aachen und Leiden genommen. Die offerirte inländische feinere Tücher geheten zwar denen Kauff-Leuthen gar wohl à conto. Sie zeigen aber wenig Neigung hierzu, weilen Sie beym Ausländischen Ankauff den Preyss zu ihrem Nutzen besser verbergen können, und weilen ihnen die Lehn-Bank als ein zu ihrem Verderben gereichendes und unstandhafftes Werk abgebildet worden. 2do in Halb-Woll- und Halb-Leinen-Waaren als Halb-Castor und Halb-Rasch, auch Mesulan, welcher bloss aus Preussisch-Schlesien kommet. Zwey Verlegere von Englischer Kurtz- und Nürnberger Waar versehen sich aus Leipzig und Nürnberg. 3^{tio} in Lein-Waar, das Schlesische Schock zu 42 Wiener Ellen lang, $4\frac{1}{2}$ Viertl breit, à 15 bis 20 Rthlr. Item Weeben von 52 Ellen à 30 bis 50 Rthlr. Lintzer Leinwand wird zwar auch, aber nicht so viel als Schlesische verschlissen. Wie dann auch viel Schlesischer und Sächsischer Tisch-Zeug, die Garnitour à 10 bis 30 Rthlr, dahin kommet. Ferners handlet man mit feiner blau- und rothgestreifter Leinwand, auch fein und ordinari Zwillich und Trillich nach denen Mustern N° 2. Der grösste Handel beschiehet in denen zweien fast durch 1 Monath dauernde Mittfasten- und Aegidii-Jahrmärkten, da sich viele Hungarn, Croaten und die Land-Cramer providiren. Die Grazer Kauffleuthe handlen aber auch alla minuta.

Consumo- und Essito-Zoll zeiget sich aus N° 3. Wobey merkwürdig, dass solcher wider die gewöhnliche Maxime in Jahr-Märkten höher ist. Vielleicht geschiehet es aber in beneficium deren dortigen Kauff-Leuthen, welche auch ausserm Markt Waaren einführen können. Doch ist der Zoll bis auf das Wachs so leidentlich, dass durch sothane Erhöhung weder denen Fremden ein Nachtheil, noch durch die sonstige

---

[1] Die Grazer Zwirnfabrik war 1753 errichtet worden. Fechner, Die handelspolitischen Beziehungen Preussens zu Oesterreich von 1741—1806, S. 237.

Minderung denen Inwohnern ein erheblicher Vortheil zugehet. Der Magistrat hat auch eine Jahr-Markts-Mauth per 30 xr vom Collo, er mag 1 oder 10 Centen wiegen. Die Grazer Elle (N° 4) ist 10 p C^{to} länger als die Wiener, das Gewicht aber dem Wiener gleich.

Der beste Negotiant Dobler ist denen Landes-Fabricatis nicht sehr geneigt, mithin zum Correspondenten der Godola ein sicherer und dienstfertiger Mann, welcher mit Pottasche stark über Triest handlet, erwehlet worden. Mit Lein-Waaren handlet der Heyder und Stephan, in Tuch- und halbwollenen Waaren der Mayer, ein freundwilliger Mann. Hendel, Eigentlers Wittib, Pilgram und Kratzer seynd gute Handels-Leuthe, Latour aber ein blosser Wechsler von guten Mitteln.

2. Laubach[1]

handlet sammt dasigem Land mit erzeugenden geringen Leinwanden, mit etwas Eisen und groben Kotzen-Tüchern für das Land-Volk. Die viele Weissgärber von Cilley und Marpurger Hutmacher verschleissen ihre Arbeiten nacher Triest. Die bessere Leinwanden, Tücher und halbwollene Zeuge werden aus Preussisch-Schlesien genommen.

Der Kauffmann Weitenhiller zu Laubach hat zwar eine gute Tuchfabrique,[2] die Waar aber keinen gangbahren Preyss und wird die Fabrique haubtsächlich durch die contractmässige Lieferung für die croatische Miliz erhalten. Diese Tücher seynd gut und croisé gearbeitet. Durch zwei daselbst vorhandene Wasser-Machinen werden die Tuche gekartet, dann Boy und Flanel aufgerieben.

Der Negoziant Zebold,[3] von sehr guter Speculation, hat zwar eine Seidenzeug-Fabrique und Filatorium errichtet, so aber wegen seiner deswegen contrahirten Schulden mit Arrest belegt ist und nicht betrieben wird. Michael Angelo Zois hat fast alle Crain- und Kärnthnerische Eisenwerke durch Miethungen

---

[1] So vielfach im vorigen Jahrhundert neben ‚Laibach'.
[2] Dimitz, Geschichte Krains, II, 179 nennt für das Jahr 1763 als Firma der Fabrik Ruard-Desselbrunner.
[3] Zobull bei Dimitz, II, 179, wo neben dieser in den Vierzigerjahren gegründeten eine 1735 ins Leben getretene Seidenfabrik von de Werth-Tabouret erwähnt wird, die hier nicht vorkommt und 1754 wohl nicht mehr bestanden haben dürfte.

gleichsam als ein Monopolium an sich und dadurch in Zeit
von 12 Jahren eine halbe Million zusamen gebracht, negotiret
über Triest in gantz Italien, bauet den Sinigallier Markt, nihmt
sich aber sonst um nichts an. Zu Correspondenten hat man
den Weitenhiller und Kirchschlager genommen — alle übrige
seynd nicht besonders considerable — und könnten dorthin
Tuche und Leinwanden, wovon das weitere in den Reflexioni-
bus folget, verschlissen werden. Kirchschlager verlanget zur
Speculation ein Kistel mit etlichen Stück Halb-Rasch, Halb-
Castor, mittlfein Tuch von Mode-Farben, die Elle à 30 bis
35 gr., weisse und rohe Leinwanden, 30 Ellen lang, 1 Elle
breit, von 4 bis 10 Fr., blau, roth, grün, gelb und schwartze
Glantz-Leinwand, 17 bis 18 Ellen lang, 1 Elle breit, à 4 bis
6 Fr, und halb gebleichten Cannefass, vide Muster N° 5.

3. Fiume.

Dahin kommen Levantische Schiffe, setzen aber aus
Mangel derer Negotianten und Magazinen keine Waaren ab,
sondern laden von denen beständig da vorhandenen Brettern,
Latten und Nägeln etc. oder bessern ihre Schiffe und nehmen
frisch Wasser. Die Compagnie-Schiffe der dasigen Wachs- und
Zuckerfabrique bringen Zuckerrohr, Erde zum Sieden, Levantisches Wachs und Saltz von Barletta, haben aber keine Rückladung, ausser Wachs-Kertzen und Bretter etc. Aus Puglia
empfanget der Negotiant Mignioli viel Öhl für die Erb-Länder
und weiter, wobei Er über 100000 Fr erworben. Die Einfuhr
im Haven wird für beschwerlich und die Fiumara für grosse
Schiffe zu seicht gehalten. Situs, Wasser und Lufft seynd gut,
Victualien wohlfeil, aber in der Stadt kein Würths-Hauss.

Die Arnoldische Fabrique ist ansehnlich, ihr Zucker schön,
aber lauth Preyss-Courrant N° 6 zu thouer. Wachs-Bleichen
und Kertzen seynd gut und gehen meist nach Italien, woselbst
dreymahl mehr als in andern gleich grossen Ländern ver-
brauchet und an grossen Festen gantze Kirchen mit 6 und
mehr Tausend Kertzen beleuchtet werden. Venedig, so bisher
den Verschleiss allein gehabt, kränket die Arnoldische Compagnie und hat ihren Negotianten sogar verordnet, das Pfund
etwas wohlfeiler zu geben mit Versicherung, sie aus dem
Schatz der Republik zu indemnisiren. Dieser Compagnie hat
man die Pohlnische Wachs-Preyse zu notifiziren versprochen.

damit sie allenfalls ihre Bestellungen von Brünn machen und dieses nach Bresslau gehende Haubt-Negotium nach Brünn instradiret werden könne. Für dasigen Bezierk und ankommende Schiff-Leuthe wird weisse und rohe Leinwand, sonderlich aber gestreiffte und operirte aus der Lenussischen Fabrique bey Tolmeso eingeführet. Diese haltet 35 Wiener Ellen; Breite und Desseins zeigt N° 7. Die gestreiffte kostet 7 Fr 12 xr, die operirte 9 Fr. Von dieser beträchtlichen Lenussischen Waar gehen jährlich über 80.000 Stuck in Italien. Sie ist mittels einer zu Stand bringenden tauglichen Appretur und Mange leicht und mit Vortheil nachzumachen, weilen Lenuss die Mährischund Schlesische Garne kostbahrer beyschaffen muss, auch Victualien und Lohn dorten theurer seynd. Daselbst wird etwas Tuch verkaufft, roth, grün, blau und melirte Livrée-Farben, 20 Wiener Ellen à 20 bis 28 Fr. Item gehen Cameel-haarene Knöpf, die Garnitour 4 Dutzent grosse und so viel kleine per 1 Fr, auch gesponnenes Cameelhaar, das kleine Venetianer Pfund à 2 Fr 48 xr; dann ordinari Flanell, weiss und röthroth, die Elle à 8, 9, 10 Sgr. Böhmische Gläser, die Truhe à 60 bis 65 Fr, werden von denen Griechen gesuchet, und wollene Strümpfe wären daselbst abzusetzen.

Die Elle ist Venetianisch, wovon bei Venedig das mehrere vorkommt. Gewicht ist dem Wiener gleich, doch wird ein und anderes nach dem Venetianer verkaufft.

An Negotianten manglet es, und nihmt sich die Arnold'sche Compagnie nur um ihre Fabrique an, gleichwie der Mignioli um seinen Öhl-Handel. Die dahin kommende und nicht nach Triest gehende Schiffe pflegen verschiedenes abzunehmen; dahero offerirt der geschickte Handels-Mann Bustanzi 8 bis 10000 Fr legale Caution, wann ihme von Zeit zu Zeit die anbegehrende Waaren anvertrauet werden wollten. — Dort und auf anderen Handels-Plätzen wird von Commissions-Güthern, wie in Italien 2 p C^{to}, und wann der Commissionaire für die Verborgung hafftet, 4 p C^{to}, an Speditions-Gebühr aber $1/4$ bis $1/2$ p C^{to}, oder auch nach deren Colli à $1/4$ Fr, auch nach dem Centen 3, 4, 5 xr, wie man sich einverstehet, bezahlet.

4. Triest.

Von da gehen in und durch die Erb-Lande: Datteln, Mandeln, Cibeben, Weinberlein, Früchten, Feigen etc., item

Baum-Öhl, Baum-Woll, Caffé, Kurtze Waar, Rosenkräntz, Flor, Bücher, Farbholtz, Fischtran, Zucker, viele Materialien, und was sonst die Preyss-Courrant N° 8 enthaltet. Hiervon ist aber verschiedenes bis zu einer mehreren Erleichterung annoch wohlfeiler aus Hamburg zu haben. Es kommen auch Fisch- und Englische Waaren etc., doch ohne rechten Zug in die Erb-Lande; Hamburg, Leipzig und Breslau behaubten noch immer den Verlag. Aus denen Erbländern und durch dieselbe kommen nacher Triest: 1mo Aus Steyer, Kärnthen, Crain durch obgedachten Zois und Andere: Stahl, Eisen, Sensen, Sicheln, Drat, Nägel, Blech, schwartz und verzinnt, auch andere Eisen-Waar, Kupfer, Gewehr, Glass, Schachteln, ordinari Leinwand, Messing und detto Fabricata, Pfund- und Weissgärber-Leder, Sieb-Böden, Speck, Wachs, viele Gratzer Leinwand, und durch obgedachten Godola etliche 1000 Centen Hungarische Pottasche. 2do aus Österreich viel Hungarisch Kupfer durch Kinner & Comp.[1] von Wien, Ober-Österreicher Leinwanden und Woll-Waaren, Schmeltz-Tegel. 3^{tio} aus Mähren negotiret dahin der einzige Scholtz aus Brünn, welcher einen Bedienten nebst einem kleinen Waarenlager von Tuch, Trillich und Zwillich in Triest haltet, auch die Sinigallier Märkte bauet. Johann Beütl aus Hof spedirt dahin jährlich etliche 1000 Stück dieser Lein-Waar, aber nur als Factor deren Bresslauer-Kauffleuthen. Die Lehn-Bank hat mit etlichen 100 Stück Tuch, Lein- und halb-wollener Waar ebenfalls angefangen und hofft bald was mehreres zu thun. 4to aus Böhmen und Böhmisch-Schlesien: Lein- und Woll-Waar, böhmische Steine, Gläser etc., item aus Böhmisch-Schlesien durch den Neysser Kauffmann Cassetti Weiss- und $^1/_4$ gebleichtes Garn, jährlich bei 200000 Fr vor besagte Lenussische Fabrique. 5to aus Sachsen: weiss und gestreiffte Leinwanden, Tele cavalline e rigate genannt, Tischzeug, Tücher à 30 bis 40 Sgr die Elle, wollene Zeuge, Strümpfe etc. Von der Tela cavallina gehen viel 100 Stück in Italien. Man nennet sie so von der Signatur mit einem Pferd. Ihre Sorten lauffen von N° 4 oder 4500 bis 3 oder 3500; die geringste kostet 9$^1/_4$ Fr zu Zittau das Schock in zweien Stücken à 30 Breslauer Ellen, 1 Wiener Elle breit, und steiget jeder N° à $^3/_4$ Fr. Man hat veranstaltet, dass von dieser und anderen in Italien gang-

---

[1] Kühner & Goll, vgl. Archiv f. österr. Geschichte, LXIX, 428, Anm. 2.

bahren Waaren ein Muster-Stuck nach Triest eingesendet werden solle, um die Qualitaet und Packung zu treffen. Tele Rigate haben allerlei Farben von obiger Länge und Breite. 6to aus Preussisch-Schlesien: Neuroder Tücher à 26 bis 30 Sgr, Halb-Rasch und Halb-Castor von Breslau, Hirschberg, Schmiedeberg, Landshut und Greiffenberg etc., allerhand weisse und rohe Leinwanden, absonderlich Tele Bustoneti in $^1/_4$ Schock, das Schock 16 bis 24 Fr, Schleyer aus Hirschberg, Fürber-Röthe und mehr als um Eine Halbe Million Gulden Pohlnisches Wachs aus Breslau.

In Loco seynd 3 Rosoglio-Fabriquen; er ist fast dem Bologneser gleich, wird verkaufft in gantz und $^1/_2$ Bouteillen. Die gantze, beyläufig 1 Mähr. Mass, kostet 16 Sgr, die besseren bis 30 Sgr haben aber wenig Anwehr. Rozzi, Palleti, Miani, Brentani, Cimaroli, Venino unterhalten die Fabrique. Ersterer verschleisst am mehresten und condiret Früchten auf Arth der Genueser. Lüttyens et Comp. fabriciret Cremor Tartari besser und wohlfeiler als die Venetianer, den Centen per 22 Fr. Auf dem Land giebt es etwas Oliven-Bäume und Öhl, mehr wird aber von der hinbringenden Frucht gepresst und das meiste schon fertiger eingeführet. Die Triester Weine seynd schwehr, hitzig und brauchen viel Wasser, seind auch wohlfeil, der Moggio von 32 Wiener Maass à 3$^1/_2$ auch 4$^1/_2$ Fr. Das Land hat fast keine andere Nahrung und klaget über wenigen Verschleiss und Einfuhr des Venetianer Weines, wo doch der Triester im Venetianischen verbothen wäre.

Die beste Handelsleuth seynd Brentano, Cimaroli e Venino, Österreicher, Tribuzii, Seemann e Comp. all grosso Handlere, Blanquenay, Braun, Cuniali, Wittib Grosselin, Schop, Lochmann, Platner, Flantini, ingleichen etliche, aber nicht so renomirte Juden Marpus, Vitalevi, Marpurgi etc. Sie seynd aber meistens nur Commissionärs und Spediteurs und ausser des Brentano und Flantini verschreiben sie wenig auf eigene Rechnung. Die reichesten seynd denen Preussisch-Schlesischen und Sächsischen Negotianten günstiger als denen Erbländischen Fabricatis, welches die Lehn-Bank mit denen an den Österreicher versendeten und fast durch 1 Jahr unverschlissen gebliebenen Waaren erfahren. Diese seynd also denen zweyen gar honneten Handelsleuthen Neidiser und Werkl, denen die Arnoldische Compagnie ihr Magazin anvertrauet, zum Verschleiss auf dem Sinigallier Markt übergeben und zu einem Correspondenten der Braun erwehlet worden, in Hoffnung, dass diese Leuthe, so sich mit denen Schlesiern und Sachsen noch nicht eingelassen, sich um etwas annehmen würden. Damahls waren Holländisch-, Englisch-, Dänisch-, Schwedisch-, Italienisch- und Levantische Schiffe vorhanden, denen es allerseits an der Rückladung fehlet, und ein Holländisches hat in Zeit von 5 Monathen nicht einmahl den verlangten Hungarischen Wein erhalten.

Dort ist noch kein Geld- und Wechsel-Negotium, und geschehen die meisten Zahlungen über Venedig, und dannoch werden zu Triest jährlich viele Millionen vernegotiert.[1] Man klaget zwar über den Mangel guten Wassers und Unterkommens deren Negotianten, wie auch über den denen Schiffen im Haven gefährlichen Bora-Wind. Es wird aber diesen Beschwerden durch die vorseyende Anlegung der Wasser-Leitung, der Theresien-Stadt, und des Molo und Gegen-Molo abgeholffen seyn.[2]

Maass, Müntz und Gewicht ist im Verkauff Wiener Corrent, im Einkauff hingegen Venetianisch und bei einigen Waaren gilt die Elle des Erzeugungs-Orths. Die Crainer Fuhr-Leuthe führen die Waaren von Triest bis Gratz und zurück. Die Rückfuhren aber seynd seltsamer, mithin wohlfeiler, nehmlich der Centen à 1 Fr 15 xr. Transito-Zoll nacher Triest vide N° 9. Dort werden nur 2 xr Waag-Geld vom Centen bezahlet. Die Träger bekomen 2 xr vom Centen in die Magazins. Der Kauffmann nihmet für das Magazin nichts, sondern nur die Speditions-Gebühr samt dem Briefporto, wie bei Fiume zu sehen.

5. Görtz.

Das Land hat viel Wein, als Terrant, Refosco, Ribolla und Cibedin[3] zu bekanntem Verschleiss in andere Länder. Auch Seide in ziemlich guter Qualitaet und Preyss, das Wiener Pfund roh à 8 bis 9 Fr. Die meiste gehet in das Venetianische, woher sodann Seidenzeuge kommen. Etwas weniges wird im Filatorio zu Fara, so vom Wasser getrieben wird und ziemlich

---

[1] Die Handelsbörse wurde 1755 errichtet.
[2] Ueber die Wasserleitung, den Molo San Carlo und die Theresienstadt vgl. Löwenthal, Geschichte der Stadt Triest, I, 187 ff. Den „Almanacco di Trieste per l'anno 1755" konnte ich nicht erhalten.
[3] Cividino.

wohl besetzt ist, wie auch durch die Webere verarbeitet.[1] Sonsten werden nur zur Landes-Consumption Tuch, Strümpf und Hüth aus dem Venetianischen, Gantz- und Halb-Rasch, weisse Leinwanden aus Preussisch-Schlesien, detto blau gestreiffte aus Sachsen und die oben bemerkte Sorte der Lenussischen Fabrique bei Tolmeso verschrieben. Diese ist von dem Lenussi mittels eines Venetianischen Privilegii in trefflichen Stand gesetzet worden und wegen des grossen Abzugs muss die Waar im Voraus bestellet werden. Graf Podstatzky aber hat keine Gelegenheit gehabt, solche selbst ansehen zu können. Bassa von Scherersberg hat solche zu Görtz imitiren wollen und dessentwegen auf ein Garn-Monopolium angetragen; wegen seiner Abwesenheit ware aber nicht zu erfahren, wie weit er es gebracht.

Dort ist das Venetianische Gewicht und Maass üblich, und die meisten Verkehrungen geschehen mit dieser Nachbahrschafft.

Kauff-Leuthe seynd vorhanden und handlen mit Seiden-Waaren: Segala, Luzati, Manasse, und Aaron Marpurgi, item Manasse quondam Moyse Gentili, mit Woll- und Lein-Waar: Barbati, Miani, Periello, und Marco di Georgio. Dieser Letztere will Correspondent seyn und verlanget Tuch, Mode- und Livrée-Farben à 20 bis 30 Groschen, Halb-Castor verschiedene Farben, wie sie zu Neurode gemacht werden, gestreiffte und operirte Lenussische Leinwanden, verschiedene Mährische weisse und rohe Leinwanden, das Stück 30 Wiener Ellen lang, $5/4$ breit von 4 bis 10 Fr, item Leinen-Tüchl das Dutzet à 3 bis 6 Fr.

6. Venedig.

Dort distinguiren sich in der Handlung besonders die Teutsche, deren Handlungs-Hauss grosse Freiheiten geniesset. Man fabriciret viele Sachen, und sobald eine nur etwas emporkommt, wird deren Einfuhr verbothen. Vide N° 10, welches auch respectu der Ausfuhr der selbst brauchenden Materialien beschiehet; vide den gantz neuen Verboth N° 11, woraus zu entnehmen, dass man unsere nunmehrige Principia für die rechten ansiehet. Ihre auf dem Land befindliche Tuch-Fabriquen hat

---

[1] Das ärarische Filatorium von Farra war 1724 errichtet und monopolisirt worden. Dasselbe ward später verpachtet. Cf. Czoernig, Görz, I, 829.

man nicht gesehen, in und bey der Stadt seynd die Spiegel-, Christallen-Glas- und Schmeltzfabriquen berühmt. Für jetzo wäre von uns allein ihr Schmeltz von allerhand Farben zu gebrauchen und auch dieser (vide Muster N° 12) leicht nachzumachen, da es nur auf die Gebung der Farbe ankommt. Das kleine Venetianer Pfund Stroh-Schmeltz kostet 9 xr, fein Rubin 3 Fr, ein Bund Staub-Schmeltz von 12 Schnüren 4 xr, ein Bund grössere von 4 Päkeln oder 4 Schnüren N° 1 4 Sgr, N° 2 6 Sgr, N° 3 10 Sgr, N° 4 18 Sgr. Von ordinari Rubin kommet das Pfund 3 xr höher als andere Farben. Item gehen in die Erb-Lande: Venetianische Hüth, Tücher, Strümpf, Kron-Rasch, die berühmte Lenussische und verschiedene Seiden-Waaren, welche aber dagegen in das Venetianische nicht eingelassen werden. Wie dann die Görtzer ihre meiste Provisiones von Udina oder Weiden nehmen. — Die Wachs-Bleich- und Ziehereyen verarbeiten viele 1000 Centen Pohlnisches, Hungarisches und Levantisches Wachs und versehen fast gantz Italien. Die Negotianten Fer und Meling, so jährlich über ½ Million übernehmen, wollten bey findenden Vortheil das Wachs-Negotium mit Bresslau abbrechen und sich von Brünn providiren. Der Wiener Centen kostete damals 74 bis 75 Fr.

Die Negotia bestehen meist in gantz Italien und Levante mit Reiss, Weinberl (von Letzteren practendiret man das Monopolium, dass sie erst nach Venedig und sodann weiter geführt werden sollen, was also grad auf Triest gehet, stehet in Gefahr des Contrabands) Spiegel und Spiegel-Gläser, Christall, Seiffen, Cremor Tartari, Bleyweiss, Droguerie-Waaren, Terpentin, Theriac, Medritat, Sammet, Damast, Taffet, Brocatell, Tücher für die Levante, auch andere, so in Ceneda gemacht werden, lauth Muster N° 13, wovon die Elle zu Triest und Fiume 26 Groschen verkaufft wird.

Venedig wird über das Triester Commercium jaloux. Der grösste Vortheil des Venetianischen ist der von der Republic garantirende Banco von 5 Millionen Dukaten. Alle Wechsel, so auf Venedig oder auf andere Länder gezogen werden, müssen durch denselben lauffen. Ein Kaufmann kann sein darin habendes Capital auf einen andern umschreiben lassen. Das Banco-Geld übersteiget das Currente um 20 p C^{to}. Alle Freytag werden die Bilancen und viermahl des Jahres die Hauptbilancen gezogen. Die Wechsel-Briefe müssen 6 Tag nach der Praesentation acceptiret oder protestiret werden, und wann sie mittels der Banque zahlbahr seynd, müssen sie directe an den, der das Geld zu erheben hat, und nicht auf Ordre ausgestellet werden.¹ Buch und Rechnung wird in Ducati correnti, Grossi e Denari geführet. 1 Ducato corr. wird in 24 Grossi, 1 Grosso in 12 Denari getheilet. Ein Venetianer Ducato corrente hat 6 Lire 4 Soldi, die Lira 20 Soldi oder unsere 4 Groschen. Das Gewicht ist klein und gross: 100 kleine Venetianische Pfund machen 54 Wiener Pfund, und 100 Grosse Venet. Pfund 86 Wiener. Sonsten machen 100 Pfund gross Gewicht 158 Pfund klein Gewicht und 100 Pfund klein Gewicht $63^{1}/_{2}$ Pfund gross Gewicht.² — Die Elle ist zweierley, als eine für wollene Waar, und die andere für Seiden-, Gold- und Lein-Waar. Die Erstere ist grösser um $6^{1}/_{4}$ p C^{to}. (vide N° 14 et 15.)

Zu Freunden hat man erwählet den Pommer, Meling und Fer. Dem Meling hat man ordinari Trillich, detto Schachwitz mitter und feineren, blau und weiss gestreifften Cannefass, ordinari weisse Leinwand aus Triest (ut N° 16) zugesendet und den Betrag empfangen. Er verlanget noch zur Prob feine Currant-Ballen, feinen Trillich, Lenussische Leinwanden von jeder Sorte 2 Stuck zu seiner Disposition an den Braun nacher Triest zu versenden. Der Fer aber verlanget zur Speculation 100 Stük unterschiedliche Sorten feine Currant-Ballen und Trillich nach denen Mustern N° 17.

7. Ferrara

ist der Lage nach kein besonderer Handels-Platz, hat aber einige Grossirer, so auf dem Po bis Turin und auf dem Canal bis Bologna verschiedene in diesem Protocoll anderwärts berührende Schlesische und Sächsische Lein-Waaren spediren.

---

¹ Ueber den Geschäftsgang in der Bank von Venedig vgl. Marperger, Beschreibung der Banquen, p. 190 ff.; Ludovici, Eröffnete Akademie der Kaufleute oder vollständiges Kaufmannslexicon (1755), V, 374 ff.; Struensee, Kurzgefasste Beschreibung der Handlung der vornehmsten europäischen Staaten, II, 165—168 (1779).

² So einfach lagen die Dinge nicht ganz. Man unterschied im alten Venedig ausserdem mehrere Gattungen Pfunde, je nach den Waaren, die gewogen wurden: Brotpfunde, Goldpfunde, Metallpfunde. Vgl. Volkmann, Histor.-kritische Nachrichten von Italien, III, 692.

Der Orth ist wegen des Flusses auch geschickt zur Spedition in das Mantuanische, Modenesische, Parmesanische und Mayländische, wie auch mit kleinen Land-Transporten kostbahrer und nicht schwehrer Waaren aus dem Mayländischen nacher Genua und von Bologna in das Florentinische, wobey der Risico über Meer vermieden und Zeit gewonnen wird. Der hohe Cremoneser Zoll soll diesen Weg bishero in etwas gehemmet haben und die seltsame Transporte verursachen, dass die Waaren bis zur completen Ladung liegen bleiben müssen, dahero man die Sachen, um solche geschwinder zu haben, zu Lande bringen lasset. Spediteurs wollen abgeben Bergonzini e Mainardi, Merli e Comp., welche gute Handels-Leuthe seynd und Muster-Charten hierländiger Leinwanden mit Anzeigung der Länge, Breite und Preyse verlanget haben, um alsogleich einigen Verschleiss zu veranlassen. — Von denen Müntzen beschiehet die Meldung bei anderen Orthen des Kirchen-Staats. In der Elle machen 100 Ferrareser 80$^1/_3$ Wiener. Im Gewicht 100 Ferrareser Pfund 60$^1/_2$ Wiener. Die daselbstige und sonst im Kirchenstaat befindliche viele Juden sollen dem Commercio verhinderlich seyn, und in der That distinguiret sich Bologna, wo es keine Juden gibt.

8. Sinigallia [1]

handlet nur am Jahr-Markt von halben bis End Julii; aber da kommen die stärkesten Negotianten aus Italien, viele aus Frankreich, Schweitz, Nürnberg, Augspurg und anderen Reichsstädten, aus Triest, Levante und Africa. Theils kauffen, theils verkauffen, oder thun beydes. Man findet Seide und detto Waare aus Italien, Frankreich, Levante; Tücher, Wollene Zeug, Hüth und Strümpf aus Engel-, Holl- und Teutschland, aus dem Venetianischen Londres Seconds und Scharlach, Lein-Waaren aus Schlesien, Sachsen, Schweitz, Kärnthen, Krain, Steyer, Böheim; Messing-Waar von Nürnberg; Eisen-Waar aus Kärnthen, Crain und Steyer; alle Levantinische Waare, Asiatische Seide, Cameel-Haar, gesponnene und ungesponnene Baum-Woll, roth Türkisch Garn und allerhand Friandisen. Und wann eine Waar stark gesuchet oder aber überführet wird, macht man oft grosse Glücks-Streiche. Anbey aber ist bedenklich, dass viel, auch bis in die Levante, und allzeit bis zur folgenden

---

[1] Sinigaglia.

Mess, creditiret wird, wobei man exponiret ist und das Geld in einem gantzen Jahr nicht umkehren kann. Den ordinari Zoll zahlet man zur Markt-Zeit nicht. Bey dessen End aber muss die Waar, so nicht zurückgeführet wird, die Gebühr entrichten. Zu Sinigallia und an mehr Italienischen Orthen ist der Zoll in Verpachtung, anderwärts aber, als zu Ferrara, dependiret die Abnahme von der Willkühr des Legaten. Wegen so vieler Kauffleuthe seynd die Magazins-Zinse sehr hoch, und ein einziges Gewölb kostet nur zur Markt-Zeit 70, 80 und 90 Scudi. Von Triest bis Sinigallia kostet der Centen bey bequemer Zeit 15 xr und wird bey guten Wind in 2 bis 3 Tagen überbracht. Bey üblen Wetter aber bleiben die Schiffe auch 12 Tag aus.

Der Sinigallier Mauthner Grossi, ein sicherer Mann, machet zur Markt-Zeit einen Commissionaire. Die Lehn-Bank hat ihre Waaren an ihne adressiret, so aber dasmahl zu spath eingelanget. Aus Mangel derer Wechsleren beschehen die Zahlungen nacher Bologna zur Überwechslung in andere Länder. Der einzige Grossi wechslet etwas innerhalb Italien. Sinigallier Maass und Gewicht wird in commercio nicht betrachtet, sondern die ankommende Waaren nach der Maass unde verkauffet.

Gegen dem Castell über soll ein grosses Hauss Ihro Maj. der Kayserin gehören.[1]

9. Ancona.

Aus dasigem schönen Haven bedecken die Venetianer Galeren den Markt von dem im Gesicht liegenden Sinigallia, welches hierzu keinen geschickten Porto hat. Der Handel ist nach der trefflichen Lage, wie fast bei allen Päbstlichen Städten, zu gering;[2] doch kommen Schiffe aus Levante, Holl-, Engeland und Norden. Den besten Handel machen die berühmten Juden Israel Raffaele Solino e Comp., Moyse Coem, Samuele Cagli, Isaac Constantini und Michael Azzis. Unter den Christen lasset der einzige Frantz Triumfi gantze Schiff-Ladungen auf seine Rechnung kommen. Er zwinget aber seine Verkehrungen durch vielen Credit, könte also bey einigen Unglücksfällen ein grosses Falliment folgen.

---

[1] Marchesi Giorgio, Della città di Sinigaglia (1765) war mir nicht erreichbar.
[2] Das Gleiche beobachtete 1741 Keyssler, Fortsetzung neuester Reisen, S. 445.

Dorthin kommen, und seynd offt wohl zu kauffen, Levantische Waaren, als Baum-Woll, Cameel-Haar, Seide, Türkisch Garn, Caffé, Gallus, Farb-Waaren etc., Baum-Öhl aus Puglia, Tücher aus Frankreich, Holland, Venedig, Leinwanden aus Holland und Preussisch-Schlesien, allerhand Englisch Wollen-Zeug und Messing-Waaren, Frantzösische Londrins Seconds. Dasige Negotianten klagten aber über die dermahlige frantzösische Verordnung, diese Sorte directe in die Levante zu vernegotiren, und da ihnen die producirte Muster gefallen, so hat man ihnen die allhier nicht annehmlich geweste derley Prob-Stüke zu einem Versuch zugesendet.

In der benachbahrten Stadt Recanati ist die längste Messe in Italien vom 15. September bis 15. November, so sehr besuchet wird und mit hiesigen Waaren gebauet zu werden verdienet. Dahero der Versuch mit denen nach Sinigallia zu spath eingeloffenen Waaren veranlasset worden.

Man hat zwar obbeschriebenen Negotianten die hierländige Waaren recommendiret; wegen der mit Wälschen und absonderlich mit Juden nöthigen Vorsichtigkeit aber lasset man alles durch den Antonio Cheli gehen, der von der Arnoldischen Compagnie aus Fiume gar sehr recommendiret worden.

Buch und Rechnung wird gehalten in Scudi und Bajochi, deren 100 einen Scudo, 10 aber einen Paolo machen. Dort seynd keine eigentliche Banquiers. Doch beschiehet der Wechsel auf Ancona, und wird mittels daselbst ausgebender Cours-Zettel und durch Commissionairs der auswärtigen Wechslern getrieben. 100 Pund in Ancona machen 98 in Livorno und 100 Livorneser 60³/₄ Wiener, wovon bey Livorno ein mehreres. Die Elle ist fast 3¹/₂ Viertl Wiener (vide N° 18).[1] Zwey solche Ellen breit werden dort die Londrins seconds ohne End erfordert. Aus Ancona kann man die Waaren am besten nach Rom oder sonst ins Päbstliche versenden. Mit geringen ordinari Tüchern aber darff man aus diesem Porto franco in den Kirchen-Staat, eigener Fabriquen halber, nicht negotiren.

10. Loretto

hat in commercio nichts beträchtliches, als einen Teutschen, Jacob Mosseyg, welcher aus verdorbenen unzeitigen Pomerantzen

---

[1] Diese Mass- und Gewichtsangaben sind etwas obenhin gemacht. Es gab in Ancona z. B. verschiedenes Ellenmass für Seide und Leinen.

Rosen-Kräntze drächslet und jährlich um mehr als 50000 Fr
über Triest und sonst in Teutschland und Pohlen versendet.¹

11. Foligno.

Wegen der Communication mit anderen Städten und Theilung der Strasse nach Rom und Florenz seynd daselbst viele Grossisten, als Bocotelli, Eredi di Solari, Barugi, Seracchi, Leri, Bechelli etc., so unter andern die Messen von Sinigallia und Recanati mit Lenussischen und anderen weissen und rohen Leinwanden aus der Schweitz, Sachsen und Preussisch-Schlesien, dann mit anderen bei Ancona und Sinigallia bemerkten Engelund Holländischen Woll-Waaren besuchen. Nach gesehenen Mährischen Mustern hat Barugi, Bocottelli und Serachi sich durch Correspondenz weiter einzulassen versprochen.

Weiter in Italien steigen die Verschleiss-Preyse immer; mithin wäre mit denen von dem Banquier Pommer aus Venedig mitgehabten Recommendations-Brieffen zu Rom in der Jacob Raffaelischen Handlung, so an Woll- und Lein-Waaren ein Lager von etlichen Millionen hat, wie auch im Neapolitanischen etwas nutzliches zu versuchen gewesen, welches aber der Reyss-Entwurf nicht zugelassen.

12. Florenz,

so im Wechsel stärker als Livorno und voller Handels-Läden ist, auch die Waaren auf dem Arno-Fluss und Canal nach Livorno bringen kann, verschaffet berühmten Atlass und Moir, (vide Muster und Preyss Nº 19), item Sammt, Taffet, Gros de Tour, Strümpf, Tüchel etc., und dannoch wird viel rohe Seyde, so besser als die übrige Italienische ist, nach Frankreich, Lucca etc. verführet. Die Landesfürstliche Fabrique von reichen Zeugen kann die Frantzösische, so man für gustoser und netter ausgiebet, noch nicht zurückhalten. In der Fabrique im Gallerie-Gebäude werden aus zusamm gesetzten kostbahren Steinen

---

Vgl. Struensee, II, 176. Nelkenbrecher's Taschenbuch der neuesten Münz-, Mass- und Gewichtsverfassung, S. 18.

¹ Ueber das Rosenkranzgeschäft und den ausgedehnten Handel mit heiliger Waare, die vorher in der irdenen Schale, aus der angeblich das Jesukind seinen Brei genossen, umhergerührt worden war, siehe Keyssler, a. a. O., S. 442.

gantze Gemählde vorgestellet.[1] Aldort werden auch künstliche Arbeiten von Gold und Silber in Mahlereyen und Kupferstichen etc. gemachet, und in der Nachbarschafft unterhalt der Gouverneur von Livorno eine kostbahre Porcellain-Fabrique.[2] Zu Prato werden ordinari Tücher, aber von keiner besonderen Qualitaet, verfertiget und theils nur für die Miliz verwendet, theils einiger Verschleiss durch die scharffe Zoll-Verordnungen beförderet. Wein, und sonderheitlich Monte Polciano, ist ein starkes Commercial-Capo und wird fast in gantz Europa verführet in Küsten von 40 grossen oder 60 kleinen Flaschen, so zu Livorno 8 bis 10 Fr kosten. Der Lac ist nicht so gut als der Wienerische, Darm-Saiten aber seynd nach denen Romanischen die besten. Leinwanden nihmt Florentz aus Schweitz, Sachsen, Preussisch-Schlesien, Holland und Römischen Reich; Muster deren gangbahrsten, so in keine Sortimenter eingeschlagen, vide N° 20. Die Tücher kommen meist aus Engeland und etwas aus Frankreich und Holland.

Von Zoll und Aufschlägen, wovon zwar keine Tariffe zu haben gewesen, vide Notam sub N° 21, woraus zu ersehen, dass die erweislich Teutsche Producta nur die Helffte zahlen und dass 250 Pfund von Triest bis Florenz 20 Lire oder 30 Paoli kosten.

Zum Handlungs-Freund für die etwa dahin senden wollende Güter hat man den Mercantelli, einen geschickten Mann, angenommen. Starke Leinwand-Handlere seynd unter denen Christen: Brunoni, Perini, Mingoni, unter denen Juden: Samuel Calligo e Raffaele, Vitale Finci e fratelli, Raffaele e Isaac Polafi. Wann man die nach Leipzig gewöhnte Hungarn und Siebenbürger mit Florentiner Seiden-Waar versehen wollte, so ist Bekanntschafft gemacht worden mit denen Negotianten Raffael Mori, Zeni e Burgani, (deren Preyss-Courrant und Muster vide

---

[1] Jenerzeit im zweiten Stockworke der Fabrica degli Uffizii, vgl. Neue Europäische Staats- und Reisegeographie (1762) X, 1165. wörtlich übereinstimmend mit Büsching, Neue Erdbeschreibung II. 2. 948.
[2] Die Porzellan- und Fayencefabrik befand sich zu Doccia, vier Meilen von Florenz. Sie war durch den Marchese Carlo Ginori angelegt worden, der zunächst Mitglied des Regentschaftsrathes, von 1747—1797 Gouverneur von Livorno war. Vgl. über dieselbe in jener Zeit unter Anderen Volkmann, Histor.-krit. Nachrichten I. 655 ff., über Ginori: Passerini, Genealogia e storia della famiglia Ginori, p. 81; Reumont, Geschichte Toscanas II. 65.

N° 22, 23), Gioseppe Frescobaldi, Tomaso Baldi und mit denen Seiden- Strümpf-Handleren Duclos e Steffanini, welcher die Kays. Fabric innen hat. Die berühmtesten Banquiers seynd Nicolo Maria Sassi Comp. e Liberi, und Cosimo del Sera quondam Alessandro. Die Wachs-Fabrique hat Strozzi in Appalto und providiret sich aus Livorno mit Levantischen, Moscovitischen und Pohlnischen Wachs, jährlich bis 600 Centen à 30 Scudi. Buch und Rechnung wird geführet in Ducati oder Scudi, Soldi e Denari d'oro, so eine moneta imaginaria. Der Scudo hat 20 Soldi, dieser 12 Denari d'oro. Sonst macht auch 1 Scudo 7 Lire, dieser 20 Soldi und dieser 12 Denari. Ferner gehen daselbst Taleri zu 10, dann halbe zu 5 Paoli, Testoni zu 2 Lire oder 3 Paoli, Crazien, deren 8 einen Paolo machen, Soldi und Quatrini, davon 3 einen Soldo machen.[1] Gewicht.ist 2 p C^{to} schwehrer als zu Livorno. 1 Pfund 6$^1/_2$ Loth machen 23$^1/_4$ Wiener. Die Elle auf Woll- und Seiden-Waar vide sub N° 24 et 25. 117 Brazen[2] in Woll und 119 in Seiden machen 90 Wiener Ellen.

13. Livorno.

Alle daselbst vor Anker gelegene Schiffe müssen in denen Päbstlichen, Neapolitanischen und Spanischen Häven Quarantaine halten, weswegen sie lieber nach Genua fahren, welches einen guten Theil des Livorneser Commercii dahinziehet. Nach Livorno kommen alle Levantische, viele Africanische, Moscovitische, Dänische, Schwedische, Hamburger, Engel- und Holländische Waaren (vide Preyss Courrant N° 26). Fast alle Monath gehet ein Schiff nacher Triest zu grosser Beförderung des dasigen Commercii. Von denen von Triest ausgehenden Lein-Waaren aber geniessen annoch die Schlesier und Sachsen den grössten Vortheil. Die Nahmen, Länge, Breite und Werth deren daselbst gangbahren Leinwanden vide sub N° 27. Um diesfalls denen Fremden was abzugewinnen, hat man denen erworbenen Handelsfreunden Frank und Lüttyens committiret, ein Stuck von jeder Sorte nacher Triest zur erforderlichen genauesten Nachahmung zu senden. Die Nota sub N° 28 zeiget die Preyse deren

---

[1] Eine Lira = 20 Soldi d'argento = 240 Denari d'argento = 1$^1/_2$ Paoli = 12 Crazie = 60 Quatrini; ein Scudo = 7 Lire = 20 Soldi d'oro = 240 Denari d'oro = 10$^1/_2$ Paoli.

[2] Bracci, deren vier eine Canna ausmachten. Ein Braccio wurde in zwei Palmen eingetheilt.

Farb-Waaren, und wäre mit denen Hamburger Preysen zu combiniren, um zu sehen, ob man sie von dieser Seite nicht wohlfeiler haben könnte. Der Verschleiss dasiger berühmter Corallen-Fabrique beschichet meistens nach Portugall und Indien, doch auch in Pohlen (Muster und Preyse vide N° 29. 30).[1] Die stärksten christlichen Negotianten seynd: Justo Raymundo et Caspero de Schmet, so gantze Schiffe Juchten, Eisen und Wachs aus Moskau erhalten, Huigens e Borghini, Roberto Perimani e Compagni, Engelländer, Eugenio Finochietti, Bonaini e Compagni, Behrenberg e van Spreghelsen, Bartels e Heüsch, Frank e Lütyens, Francesco de la Rive et Rilliet, Gio: Pietro Ricci e Compagni, Jean du Four, etc. Antonio Damiani und David Scherimann seynd grosse Jubiliers. Die stärksten Juden seynd: Gioseppe e Raffaele Franco, Jacob Bassano, Salvatore Lazaro Recanati, Moyse Gratiadio e fratelli, Salomo Aghio etc. Von denen zur Bekanntschafft erwehlten Häusern Behrenberg e van Spreghelsen, dann Frank e Lütyens, hat Letzteres nach eingesehenen Mustern die Bestellung N° 31 gemachet. Ersteres verlanget allerhand Mährische weisse und rohe Leinwanden, feine, mittere und ordinari Courrant-Ballen, detto Trillich, Canefass, leinene Tüchl und Zwirn zur Spekulation, wie man sich dann überhaupt in Italien mit denen unbekannten Böhmischen und Mährischen Fabricatis ohne vorläuffiger Prob nicht einlassen will.

Die schöne Getreyd- und Öhl-Repositoria seynd sehr nutzlich. Von dem zur Börse designirten Hauss wird kein Gebrauch gemachet, sondern die Negotianten besprechen sich in der Mittags-Stund beym Platz in der Strada grande. Nicht weit davon kommen die Cassiers wochentlich zweymahl zusammen, berechnen sich und saldiren die Conti mit Geld oder Wechsel-Briefen. Das Wechsel-Negotium wird nur mittels Anfrage in denen Häusern oder Affigirung deren Offerten in vorgedachtem Orth getrieben, massen diese Arth die Negotia besser verdecket als eine ordentliche Banque oder die sonst gewöhnliche Einrichtung. Bey jetziger Regierung ist wegen Übermachung deren Toscanischen Geldern ein dem Platz nützliches, vorhin über Venedig gegangenes Wechsel-Negotium zwischen Wien und Livorno entstanden. Buch und Rechnung führt man in Pezze, Soldi e Denari da otto Reali. Eine Pezza

---

[1] Ueber die Korallenfabrik vgl. Volkmann, I. 721 ff.

gilt 20 Soldi, dieser 12 Denari und dieser 1½ Quatrin. Es ist auch ein Unterschied zwischen moneta lunga und corte; in der Letzteren hält eine Pezza da otto Reali 5 Lire 15 Soldi, in der Ersteren 6 Lire. In Reichs-Müntzen gilt ein Ungaro 12 Lire moneta corte und 1 Tallaro 6 Lire 10 Soldi moneta lunga. Es machen auch 6 Lire Moneta lunga 9 Paoli oder 72 Crazien, deren zwölff 20 Soldi oder 19 xr machen.[1] 160 Livorneser Pfund thun 100 Wiener. Die Elle ist wie zu Florentz. Zwei Palmen machen eine Braza und 8 Palmi eine Canna, diese aber 2⅝ Wiener Ellen.

14. Lucca

fabriciret sehr viele Seiden-Waaren, so daselbst wohlfeiler als anderwärts zu haben und dahero bis zur rechten Aufnahme deren Erbländischen Fabriquen gebraucht werden könnten, die Hungarn und Siebenbürgen von Leipzig abzuhalten. Viele Negotianten seynd Senatores und verlegen die Fabricanten mit der im Toscanischen, meistens aber auf dem Sinigallier-Markt erkauffenden rohen Seyde, und nach dem daselbstigen Einkauff wird der Preyss der Waar für das künfftige Jahr reguliret. (Den jetzigen zeiget N° 32.) Ein solcher Verleger muss von der Republique beangnehmet werden, wornach er aus dem Schatz à 3 p C^{to} Geld haben und damit was rechtes unternehmen kann.[2] Der meiste Handel gehet über Botzen, nach dessen Märkten die Zahlungs-Termine bestimmet, auch auf Botzner Elle und Valuta gehandlet, bei bahrer Bezahlung aber auch 8 p C^{to} Sconto verwilliget wird.

Buch und Rechnung führet man in Lire, Soldi, Denari. Eine Lira hat 20 Soldi, dieser 20 Denari. Nach dem Toscanischen macht 1 Luccheser Lira 11 Crazien, mithin 6⅕ Lire eine Pezza da otto Reali. Im peso grosso macht 1 Pfund 11 Livorneser, im peso leggiero 100 Pfund 97 zu Livorno. 100 Wiener Pfund machen 108 schwehre und 151 leichte. In der Elle auf Woll-Waar machen 114 Luccheser Ellen 90 Wiener und auf Seyden-Waar 119 Brazen ein gleiches. Von dem sehr gut und reinen Luccheser Öhl wird 1 Barill von 12 grossen Pfunden franco Livorno per 9 Pezze da otto Reali verkauffet.

---

[1] Vgl. die Tabelle bei Struensee, II. 171.
[2] Dieses Moment spielte in den Vorschlägen Procop's nach der polnischen Reise noch eine Rolle, vgl. Archiv f. österr. Geschichte, LXIX, 368.

Die besten Seiden-Negotianten seynd: Pietro Talenti, Gio: di Bartolomeo Talenti, Gio: di Bartolomeo Conti, Gio: Francesco Orsetti, Gio: Leonardi, Gio: Parenzi, Steffano Conti, Nicolo quondam Carlo Fancischini. Special-Bekanntschafft ward mit Pietro Talenti gemacht. Dieser hat gerathen, mittels seiner Recommendations-Briefen ein Kästel mit allerhand Lein-Waar an Carlo Augustino Nocci e Comp. nach Lisbona[1] zu schicken. Francesco Gerolimo Lippi, ein Senator, will en compagnie einen Lein-Waaren-Handel in Portugal und Spanien einleiten, wesswegen er schon in's Reich, Sachsen und Schlesien gereiset und gesinnet ist, sich mit der Mährischen privilegirten Compagnie zu engagiren. Zum Verschleiss derer pro consumptione erforderlichen Lein-Waaren hat man den wohlrecommendirten Giacomo Favilla zum Correspondenten genommen, welcher Andere verlegen und die Verschleisse gegen gewöhnliche Provision befördern will.

15. Bologna,

ein sehr wichtiger Handelsplatz, wo Getreyd und Früchte wohlfeil seynd, auch viele Seide und Hanff von ausserordentlicher Länge und Weisse erzeuget wird. (Dessen Manipulation zeiget N° 33, wodurch dieses beträchtliche Mährische Productum ohnfehlbar zu verbessern seyn wird.) Muscat-Wein ist vortrefflich und die stark verführende Kreide von Consideration. 1000 Pfund oder 700 Venetianer Grossgewicht kosten 20 Paoli. Die sehr gute Seide wird roher und zum Färben bereiteter verhandelt, auch viele in loco zu allerley Zeugen und Tücheln verarbeitet. Dasige schwartze und weisse Flor-Fabriquen haben grossen Abgang. (Preyss und Sorten vide N° 34.) Man macht auch weiss florene Tüchl, das Stück zu 8 Paoli. Ingleichen müssen die sehr dauerhafte allerhandfärbige Floretseidene Manns- und Weiber-Strümpfe, erstere per 95 und die andern per 70 Paoli das Duzet in dasiger Fabrique wegen vielen Abgangs vorausbestellet werden. Der dasige Rosoglio und Cerveclade-Würste seynd bekannt. Dasige gangbahre Lein-Waaren seynd: Tele cavalline, rohe Sangalline à 72 Bresslauer Ellen, allerhand gestreiffte und operirte Lenussische Fabricata, fein und mittere Courrant-Ballen, ordinari, mitter und fein Trillich, fein und mitter Schachwitz, Tischzeug die Garnitour von 10 bis 20 Rthlr.

---

[1] Lissabon.

Die besten Seiden-Negotianten heissen Filippo Mattioli, Roncadelli, Cermasi, Carl Antonio Pedretti, Gioseppe Canavelli. Mit dem Cermasi ist Bekanntschafft gemacht worden. Die Flor-Fabriquen unterhalten Domenico Medici, Geronimo Barletto, Carlo Antonio Facci, so zugleich seidene Tüchel arbeiten lasst, einen Banquier macht und zum Correspondenten genommen worden. Mit halb seidenen Strümpfen (handlet) Ludovico Dalmonte, wormit auch handlen Gaetano Cavalari e Compagni, Carlo Antonio Gnudi und Benedetto Capelli. Leinwand führen Gio: Antonio Nicoli e Comp., solle jährlich 20000 Stück Tela Cavallina verhandlen und verlanget zur Prob die Waaren sub N° 35, ferner Landi e Roncadelli, Andrea Landi e Comp., Gio: Pelegrini, so zugleich Banquier, Fernando e Sebastiano Bassi, Fernando Gratiani, Gosetti Garbagni e Comp. Letzterer verlangt zwey Prob-Stück von allen oben angeführten Sorten. Die Correspondenz kann mit Landi und Roncadelli, Nicoli, und Garbagni e Comp. als wohl renommirten Leuthen gepflogen werden. Berühmte Wechsler seynd Riccordi Gandolfi e Casulari, Carlo Zovanardi, Innocenzo Faconi e Comp.

Buch und Rechnung bestehet in Lire, Soldi, Denari. 1 Lira (macht) 20 Soldi, dieser 12 Denari. Auf 1 Fr corrent in Botzen rechnet man 2 Lira 7 Soldi, und auf 1 Fr Wechsel-Geld 3 Lire 3 Soldi. Eine Pezza da otto Reali macht 4 Lire 8 Soldi. Bologna wechselt mit Botzen, Livorno, Napoli, Novi, Rom, Venedig, Ancona, Frankfurth, Augspurg und Wien etc. — In der Ellen bei Woll-Waaren thun 90 Wiener 108¼ Bologneser, in Seiden- und Lein-Waaren aber 116, und im Gewicht 100 Wiener Pfund 154 zu Bologna.

16. Modena.

Von dem dasigen gar schlechten Commercio ist nichts anzumerken als die fabricirende schmale halbseidene Zeuge, Pavelina genannt (vide Muster N° 36).[1] Die Elle kostet 19 Bajochi; man könnte sie nöthigenfalls durch die Negotianten Urbini e Rovigo haben. Buch und Rechnung halt man in Lire, Soldi, Denari. Eine Lira gibt 20 Soldi, und dieser 12 Denari. 3251 Lire, 1 Soldo und 8 Denari machen zu Reggio 4876 Lire 12 Soldi

---

[1] Der nicht unbedeutende Handel Modena's mit Masken, insbesondere nach Venedig, entgieng den Reisenden. Vgl. Ludovici, Eröffnete Akademie, III, 1893.

und 6 Denari. 106 Modeneser Ellen machen 100 Venetianer grössere Ellen auf Woll-Waar, und im Gewicht thun 143 Modeneser Pfund 100 Venetianer peso grosso.

17. Reggio.

Der wichtigste Handels-Orth des Hertzogs von Modena hat gute Seiden-Fabriquen, beträchtliche Kauff-Leuthe und nach Sinigallia den grössten Markt in Italien, so den gantzen Maji dauret, durch welche Zeit zu dessen Emporbringung der Landesfürst, ad normam Leipzig, daselbst residiret. Alle von denen Wälschen Negotianten in Botzen erhandelnde Waaren werden zu Providirung derer weiter entlegenen und nicht nacher Botzen kommenden Kauff-Leuthen dahin gebracht, welches also einen grossen Verlags-Orth machet. (Die daselbst erzeugende Seiden-Waaren und deren Preyse vide in der Muster-Charte N° 37.)

Die besten Negotianten seynd Antonio e fratelli Trivelli, Pietro Surmani, Gio: Battista e figli Surmani, Gio: Domenico Trivelli e Comp., dann die Juden Abraham Fontanelli und Abraham e fratello Racca. Bekanntschafft hat man gemacht mit denen Trivelli, welche die Waare N° 38 gegen contant über Ferrara verlangt haben. Buch und Rechnung wird geführt in Lire, Soldi, Denari. 4 Lire und 7 Soldi gelten im Cambio più o meno eine Pezza da otto Reali in Livorno. Die Elle ist wie zu Modena, und 141 Pfund machen 100 Venetianer peso grosso.

18. Parma

hat mittelmässige Handlung. In der Gegend wird Seide erzeuget und fabriciret, absonderlich Ormesin zu Unterfutter, 1²⁄₃ dasige Ellen breit, die Elle zu 13¹⁄₂ Parmesaner Lire. Die Negotianten Carlo Biachi und Gio: Manghi haben hievon den besten Verlag. Die gestrickte Seiden-Strümpf haben einen starken Debit, das Duzet kurtze per 45, lange per 55 Fr. Item werden durch den Christofforo Guerri viel 100 Duzet Iaquirte, theils inwendig vergoldete höltzerne Tabaquieren verfertiget und nach Frankreich und Mayland verschlissen, die vergoldeten das Duzet à 45, die unvergoldeten à 37 Mailänder Lire franco Mayland.[1]

---

[1] Das Schweigen der Reisenden über die vom Alterthume her berühmte Wollindustrie Parmas, die sonst in Reisebüchern und geographischen Werken dieser Zeit stets erwähnt wird, könnte auffallen, doch spricht auch Ludovici nicht davon.

Die drey Handels-Häuser Ortalli seynd renommirt und führen nebst Seiden-Waar auch Leinwanden. Der sogenannte Parmesaner Kääss wird meist bei Lodi verfertigt.[1] Buch und Rechnung wird geführt in Lire, Soldi, Denari. Eine Parmesaner Lira macht $\frac{1}{2}$ Venetianer. Florentiner und Romaner Zechini gelten 44 Lire, die Ongari aber nur 42. Gewicht ist um $\frac{1}{3}$ pC^{to} geringer als zu Reggio. 108 Brazze di Parma machen 100 Venetianische Brazze di lana, oder 1 Elle zu Parma $\frac{1}{2}$ Pariser Stab oder $\frac{3}{4}$ Wiener Ellen.

19. Piacenza

hat ein stärkeres Negotium. Man handelt mit Lein- und Woll-Waaren nicht nur für den dortigen Consumo, sondern auch all grosso weiter in Italien. Die Waaren-Capi seynd wie bei Reggio. Leinwand-Negotianten seynd die vornehmsten: Gio: Viciago, Fratelli Faustini, Gio: Martelli und Carlo Antonio Signorini; Seiden-Handlere: Gio: Cavagnati, Raineri ò Gilardoni. Pietro Faustini handlet mit Lein-, Wolle- und Seiden-Waar. Dieser kann der Correspondent seyn und verlanget Leinwand von mittel und feinen Courrant-Ballen, ordinari, mitter und feinen Trillich, etliche Stück weisse und rohe Mährische Leinwand samt einer Muster-Charte von Tüchern mit Anzaigung des Preyses. Buch, Rechnung und Gewicht ist wie zu Parma.

20. Pavia

hat etliche gute Contoirs, und wird mit Lodiser Kääss, Reiss und Seiden, auch all grosso mit denen in Italien gangbahren Leinwand-Sorten gehandlet. Bekanntschafft ist mit Gio: Andrea Vidari und Carlo Giuseppe Pagnano e figli gemachet worden, welche Mährische Proben und hierunter 16 Stük doppelt Halb-Rasch, in völliger Breite geleget, in Farben N° 39 gewärtigen.

Der nahe Po-Fluss könnte diesem Orth zu grossen Vortheil gereichen. Müntz- Maass und Gewicht ist dem Mayländischen gleich.

---

[1] Lodi lag schon im Mailändischen. ‚Die meisten und besten Parmesankäse kommen eigentlich aus dem Mayländischen, und zwar aus der Gegend um Lodi' heisst es bei Volkmann, I. 312, Anm. Danach Hermann's Abriss der physikalischen Beschaffenheit der Österr. Staaten und des gegenwärtigen Zustandes der Landwirtschaft etc. (1782), S. 171. Vgl. auch Koyssler, a. a. O., S. 574.

21. Mayland

ist ein sehr wichtiger Handels-Platz. Da werden von der Landes-Seide alle Sorten Zeuge, Tüchl und Strümpf, die beste sogenannte Mayländer Tüchel aber in dem K. Sardinischen Orth Viggevano fabriciret.[1] Man machet auch reiche Borten und Spitzen, Leonische Waar, Gold-Tok und Theatral-Zeuge. Die Compagnie Clerici hat eine Camelot-Fabrique.[2] Ciocolata hat grossen Abgang. (Von all diesen Sachen vide Muster, Sorten und Preyse N° 40, 41, 42.)

Aus Teutschland kommen hin: 1mo Tücher und Flanelle (ut N° 43), 2do Halb-Rasch nach schon angeführten N° 38, 3tio allerhand in Mähren schon verfertigende Lein-Waar (ut N° 44), 4to weisse Leinwanden von Memmingen, Campedonien und Isna[3] in 3 Stück à 21 Ellen gepackt, werden auch Ulmer-Leinwanden genannt, seynd 1¼ Ellen breit, doppelt gelegt, breit gepresst und mit Leonischen Spitzeln und rother Seyde wie die Schlesische gezieret, im Preyss à 6 bis 11 Fr; auch feinere um ¼ Ellen schmäler von 9 bis 16 Fr franco Chur. 5to alle Numeri von Tela cavallina, 6to Schleyer 11 Ellen lang, 1⅗ breit, von 2½ bis 6 Fr im Unterschied à 20 xr, geblümte detto 6/4 breit 10½ Ellen lang in Sorten von 3 bis 7 Fr, ebenfalls um 20 xr unterschieden, noch eine Sort, 7/4 breit, von 4 Fr bis 10 Fr. Die Schleyer heissen daselbst Tele cambré, solate, fiorate, rigate. 7mo alle Sorten gestreifft- und operirter Lenussischer Leinwand, die Elle 21 bis 22 Mayländ. Soldi. 8vo Constanzer Leinwanden, 1½ Ellen breit, 60 lang, die Elle von 25 xr bis 1 Fr steigend um 2 xr. 9no Tele Cenerine und Rouane, eine Sort von Glantz-Leinwand (lauth N° 45) nicht recht glänzend, 1½ Ellen breit, 30 bis 40 lang, à 15 xr, werden in gantzer Breite gelegt. 10mo Parchet, 27 Ellen lang, ⅔ breit, in 10 Sorten, werden 100 Stuck beysammen gekaufft, im Sortiment die Elle 13 xr. Die geringste Sort vide N° 46. 11mo Tele S. Galline oder Steyff-Leinwand, 20 Ellen lang, 1½ breit, doppelt gelegt, das Stück à 2 Fr 28 xr. 12mo roth und blau gestreiffte Schnupftüchel, das Duzet von 1 Fr 30 xr bis 8 Fr, item roth gestreiffte per 5 Fr 28 xr, Grösse 1☐ Wiener Elle.

---

[1] Das Gebiet von Vigevano war im Wormser Vertrag von 1743 von Oesterreich an Sardinien abgetreten worden.

[2] Ueber die Fabriken der Firma Clerici und Anderer vgl. Volkmann I. 312 ff.

[3] Kempten und Isny.

Mit Lein-Waar handlen Innocenzo Canna, Maggiore Bianchi e Palesterione, Simone e fratelli Bestalozza, Giulio e fratelli Bussi — diese Letztere verlangen die Waaren sub N° 47 — Carlo Battalio, Gio: Alessandro Bincinetti, Gioseppe Bossisio. Dieser will allerhand gestreiffte Cannefass, das Stück à 30 Ellen von 6 bis 9 Fr. Gio: Mondino will wollene allerhand färbige Manns- und Frauen-Strümpf, das Duzet Ersterer 12 bis 18 Fr, die andere 6 bis 12 Fr. Gio: Riva begehret etliche 100 Hüth à 1 Fr 30 xr bis 3 Fr. Carlo Maria e fratelli Biumi, Gioseppe Antonio Chiroli etc. Alle haben sich aus Sachsen, Preuss.-Schlesien, Röm. Reich und Schweitz versehen, und gehet Verschiedenes auch nach Genua und Turin. Banquiers, Commissionaires und Spediteurs seynd: Johann Venino, Andrea Brentano, Fratelli Rho,[1] Gioseppe Balabio, Antonio Venino. Letzten hat man zum Freund erwählet, um an ihn obspecificirte Waaren zu dirigiren.

Buch und Rechnung wird in Philippi, Lire, Soldi, Denari gehalten. 1 Philippo gilt 7½ Lire, 1 Lira 20 Soldi, 1 Soldo 12 Denari, 1 Venet: oder Florent: Zechin im Wechsel 14½ sonst aber 15 Lire. Gewicht ist gross und klein. Nach dem grossen Pfund von 28 Unzen werden alle essende, all andere Waaren aber nach dem kleinen von 12 Unzen verkaufft. 233⅓ Pfund klein machen 100 Pfund gross Gewicht, und 100 Pfund klein Gewicht machen 96 detto zu Livorno. Elle ist auch zweyerley, die lange für die Woll- und Lein-, dann die kurtze für die Seiden-Waaren. (vide N" 48, 49.)

22. Cremona

handlet nur mit Seiden, so nach Mayländer Gewicht und Geld verkauffet wird, fein das Pfund à 19 Lire, 10 Soldi, ordinari à 18 Lire 10 Soldi. Wann man etwas hievon bestellen oder Tuch- und Lein-Waaren hinein verschleissen wollte, könnte es durch den Gioseppe Antonio Tonetti geschehen. Allhier ist der beschwerliche Zoll auf dem Po, wo dem Pächter von jedem Stuck Waar 2 Fr bezahlt werden müssen. 150 Pfund Cremoneser machen 100 Pfund peso grosso Venetianer. Die Elle ist der Venetianischen Brazza di lana gleich.

---

[1] Ueber das Handlungshaus der Brüder Rho vgl. Montorfani, Giustificazione dei fratelli Rho, introduttori della manufattura delle tele indiano e calancà nella città di Milano. Milano, 1766.

23. Mantua.

Daselbst wird ausser der Local-Consumption und Besuchung einiger Märkten von denen dasigen Negotianten nicht gar viel gethan. Das beste Hauss ist Ferrari e Zuchelbi mit Seiden und Lein-Waaren; sodann Antonio Maria Romanati und Steffano Petruzzi, dann der Jud Laudadio Franchetti. Dieser hat Schock- und Weben-Leinwand, mittere Sorten, fein gestreiffte Leinwanden oder Cannefass mit allerhand Farben verlanget, so aber Sicherheit wegen durch Ferrari e Zuchelbi oder Romanati zu dirigiren wären. Buch und Rechnung wird geführt in Lire, Soldi, Denari. 45 Mantuaner Lire gelten 1 Venet. Cziggin. Gewicht ist wie das Cremoneser. Die Elle aber um 6 p C^{to} kleiner.

24. Verona

hat ansehnliche Handlung. Dasige Kauffleuthe versehen sich mit ausländischen Waaren meist von Botzen, handlen stark mit Lein-Waar und Tüchern, dörffen aber letztere in das Venetianische nicht führen und lassen alle dort verbotene fremde Waaren directe an ihre Verschleiss-Örther gehen. Ad extra verkehren sie mit Mayland, Genua, Reggio, Sinigallia und anderen Plätzen. In loco macht man allerhand Seiden-Zeug, aber nicht so stark wie zu Vicenza. Die aldorthige Nähseide ist die beste und wird die Charte gern um 30 xr theuerer bezahlt.

Die besten Handels-Häuser seynd: Alberto Albertino, Andrea Giovan Mosconi e Comp., Giacomo Piatti e Wenceslao Huberti, Perroti e Rossetti, Pietro Buccalori, Pietro Antonio Serpini, Gio: Balladore, Francesco Caravetta, Gio: Soldini und Nicolo Loccatelli. Bekanntschafft wurde gemacht mit Albertini und Mosconi. Letzterer verlangt die Leinwand Sorten N° 50 nach Botzen zur Prob an H. Gummer einzusenden. Piatti e Huberti verlangen das nehmliche Sortiment, Perrotti e Rossetti aber jenes sub N° 51. Darbei befinden sich die dort übliche Tuchfarben. Der vermögliche Matratzen-Handler Bartolomeo Darif hat die Muster N° 52 ausgesetzet. Buch, Rechnung, Müntzen seynd wie zu Venedig. Im Gewicht aber machen 100 Venetianer schwebre Pfund 143 zu Verona, und 100 Venet. Brazze di lana 103 zu Verona.

25. Alla in Tirol

machet viel Sammet, zwar nicht den besten, aber den wohlfeilsten. (Muster und Preyse vide N° 53). Man könnte solchen haben von denen Fabrique-Verlegern Francesco Caravetta, Simone e fratelli Ferari, Philippo Giacomo Bernardi, Giacomo Angolini, Francesco de Biasse, Vito Bragha. Der Verkauff geschiehet nach der Botzner Elle und Valuta franco Botzen, und beschiehet der meiste Verschleiss nach Leipzig.

26. Roveredo.

Auf denen Botzner Märkten verkauffen die Rovereder die meiste Seide und senden auch sonsten sehr viele nach Teutschland. Die besten Verlegere seynd Ignatio Todeschi und Domenico Antonio Scarperi. Von ihnen können nöthigenfalls die hiesigen Posamentirer aus der ersten Hand versehen werden. Scarperi hat die Sorten und Preyse N° 54 comuniciret, mit Versicherung, dass er auch etwas unter dem currenten Preyss thue. Andere Seiden-Verlegere seynd Gio: Giacomo Sicort, Lorenzo Antonio Fontana, Francesco Chiusole, so Alle ihre Seide franco Botzen nach dorthiger Valuta verkauffen.

27. Trient

hat keine sonderliche Commercia, jedoch fabriciret Antonio Slup einige sehr wohlfeile Damaste (sub N° 55). Man bauet auch Seide zum guten Nutzen deren vorangeführten Roveredern. Die Handthierung mit denen Maulbeer-Bäumen vide N° 56.

Michael Wentz, Gio: Mattiabelli, und Pietro Parulini kauffen leinene Waaren auf dem Botzner Markt, und richtet sich der gantze Handel nach Botzner Müntz, Maass und Gewicht.

28. Botzen

ist wegen dasiger vier Messen ein sehr wichtiger Platz des Teutschen Negotii ad extra. Die alldorten zahlreich eintreffende Wälsche Kauffleute nehmen sehr vieles ab, halten da ihre Abrechnungen und stellen aus weitentlegenen Orthen Italiens die Zahlungs-Termine auf die Botzner Märkte, unterwerffen sich auch dem dortigen Handels-Gericht.[1] Mancher Kauffmann setzt in einem Markt um 100000 Fr Waaren ab.

---

[1] Vgl. Marperger's Tractat von Messen, cap. XI und XII.

Dorthin kommen Leidner und Aachner Tücher von 3 bis 5 Fr durch die Augspurger, detto von 1 bis 2 Fr aus Sachsen, Preussisch-Schlesien, Böhmen und Mähren, allerhand färbige Futter-Tücher von 8 bis 12 Sgr aus Bayern, Flanell von 10 bis 15 Sgr aus Bayern und Mähren, wollene Manns- und Weiber-Strümpf aus Padua, Hüth aus dem Reich und andere Sorten ut N° 57. Die fremde Negotianten machen daselbst das Haubt-Negotium, mit welchen man also, um sie beyzubehalten, gelind umgehen muss. Man beschwehrte sich über die Müntz-Einschränkung und Visitationes auf der Laviser Brücke, welche nicht von verschiedenen Beamten sondern von betrunkenen Invaliden mit Insolenz vorgenommen und einige nach erlegtem Trinkgeld unvisitirt gelassen wurden. Diesfalls wäre einige Nachsicht oder andere Modalität um so nöthiger, als so viele nach Botzen kommende Nationen ihr Geld ohne grosser Ungelegenheit und Verlust nicht umsetzen könnten und solches ohnedeme wieder in die Fremde gehe.

Gummer, Putzer und Graf seind daselbst renommirte Wechseler. Mit Tuch und Leinwand handlen Semrod, Mentz, Stockhammer; Frantz Anton Bok unterhaltet ein Lein-Waaren-Laager über 100000 Fr. Man hat mit allen Bekanntschaft gemacht, zur Commission und Spedition aber das Gummer'sche Hauss erwehlet. Buch und Rechnung wird in Fr und xr geführet. Real ist die moneta longa, bestehend in viertel, halben und gantzen Spezies-Thalern, dann 17 und 7 Kreuzern. Fingirt aber ist der Giro-Thaler, im Wechsel nach Italien à 93 xr und nach Teutschland als ein Reichsthaler. Etwas wird auch in Batzen à 4 xr verkaufft. Elle vide N° 58. 100 Pfund Botzner machen 90 Wiener. Handlungs-Ordnung und Landesfürstliche Begabnussen, denen dieser Orth sein Aufnehmen zu danken, seynd gedrukt, und auf dem dorthigen Fluss Eisach können die Waaren bis Verona und weiter befördert werden. Durch die privilegirte Compagnie von Sacco werden solchergestalt 450 Pfund sammt Mauth und anderen Unkosten bis Verona um 5 Fr befördert.[1]

29. Inspruk

hat ein sehr geringes Commercium und keine Niederläger. Es werden fast nichts als Handschuhe da gemacht und, wann man

---

[1] Die Handelsgesellschaft in Sacco hatte ihr Speditionsprivileg 1744 erhalten. Egger, Geschichte Tirols, III, 71.

Manns- und Weiber-Handschuhe in gleichen Theilen nihmt, das Duzet à 4 Fr 20 xr verkauffet. Der einzige Christoph Andres Hübner thuet etwas mit Tüchern in Stücken und hat sich zur Correspondenz angebothen.[1] Weisskopf, Wallhauser, Siller, Schmakhofer, Hold seynd nur Botegari und der Joh. Karl Sturm der Beste, von deme man Handschuhe nehmen könnte. Ellen, Maass und Gewicht ist von dem Botznerischen fast nicht unterschieden.

30. Halle.[2]

Von da aus spediren die Negotianten auf dem Innfluss. Wegen deren hohen Bayerischen Wasser-Mauthen wird vieles lieber zu Land überschicket. Dahero fürträglich wäre, mit Bayern diesfalls ein Abkommen zu treffen. Man hat auch nöthigen Fall mit Frantz Leopold Aichingers Erben als dem besten Spediteur Bekanntschaft gemacht. Wann dermahleins Venedig den Transito durch ihr Gebieth in die Lombardie schwehr machen wollte, könnte man von Halle durch einen Seiten-Weeg über Graubündten bis Chiavenna oder Cleve, alwo man auf die von Lindau über Chur gehende Strasse eintrittet, in das Mayländische gelangen. Hierdurch communiciret man dermahlen mit der Schweitz und rechnet bis Chiavenna 14 bis 16 Täg, an Fracht aber für den Centen 3 bis 3½ Fr. Dergleichen Spediteurs seynd auch Christoph Griesenbek, Johann Aichingers Erben, Johann Leopold Stofferin und Joseph Tofferstciner.

31. Saltzburg.

Auf die dasige Jahr-Märkte kommen viele Augspurger, Regenspurger, Müncher und Schweitzer Kauffleuthe, von welchen die Kärntner, Crayner, Tyroler und Ober-Oesterreicher Kaufleuthe Waaren abnehmen. Derer Saltzburger Negotium ad extra bestehet in ordinari Tüchern aus Mähren und Preussisch-Schlesien, Ober-Oesterreichische Leinwanden, Halb-Rasch und Halb-Castor aus Preussisch-Schlesien, welch alles meist auf denen Lintzer Märkten erkaufft oder ausser solchen bestellet wird. Im Land macht man allerhand Beth-Zeug, sehr schlechte

---

[1] Der Artikel ‚Inspruck' bei Ludovici, Eröffnete Akademie, III, 683, lässt dem Handel der tirolischen Hauptstadt doch etwas mehr Gerechtigkeit widerfahren.

[2] Hall im Unterinnthale.

Trilliche, aber von grosser Anwehr in Italien. Viele Baumwollene Strümpfe und andere Waaren gehen in die Erb-Länder. Berühmt ist der dasige Vitriol à 18 Fr der Centen, wie auch die Berchtolds-Gadner Waar. (Andere Producta und Preyse vide in N° 59.)

Die beste Negotianten und Spediteurs scynd Sigmund Hafner und Franz Anisser, zugleich auch Wechsler. Andere gute Häuser: Dominici Kauffmann Erben, Frantz Anton Murald, Wönigers Erben, Ignatz Weisser, Frantz Anton Spangler, Lechner, und Joseph Koffler. Correspondent ist erwehnter Hafner, verlanget ordinari Mährische Tücher in Mode-Farben per 1 Fr die Elle, Halb Castor, ein Doppel-Stück per 13 bis 14 Fr, etwas rohe und weisse Mährische Leinwand zu 4 und 8 Fr à 36 Ellen zur Prob franco Lintz. Buch und Rechnung in Gulden und Kreutzern. Tuch-Elle ist wie die Botzner, Leinwand-Elle um 29 p C^{to} grösser als die Wiener, Gewicht fast wie das Wiener.

32. Lintz.

In dasigem bekannten Negotio scynd die Lintzer Leinwanden und Eisen-Waaren von Steyer das beträchtlichste ad extra, die Woll-Waaren aus dasiger Fabrique aber zum Verschleiss ausser Land annoch zu theuer. Leinwanden gehen nach Saltzburg, Botzen und Italien, Eisen in die Erb-Lande, Preussisch-Schlesien, Pohlen, Moskau.

In der schön- und wohleingerichteten Wollfabrique werden fast alle Sächsische Zeuge, als Calmanten, Concent, Barcan, Diablement fort, Cron-Rasch, Gantz- und Halb-Parterre etc. gemacht. Die Land-Meistere werden daraus mit Woll zu Halb-Raschen verleget. Man arbeitet daselbst Bosnische, Macedonische, Böhmische, Hungarische und Land-Wolle. Sortiret, geschlagen, gespikt und kartütschet wird in der Fabrique, gesponnen aber ausserhalb. Die Webere wohnen und arbeiten in der Fabrique nach dem Ellen-Lohn, und in der Fabrique wird die Arbeit erst ausgefertiget. Einige Stühle von Parterre, Camlot etc. werden doch auch in der Fabrique betrieben. Die ordinari Flanelle drucket man zwar gut, die Calcas mit chimischen Farben aber kann man nicht machen, und ein desswegen nach Sachsen Abgesendeter hat es nicht begriffen. Es fehlet noch an einem Formen-Stecher, sonst wäre alles vorhanden und nur zu bedauern, wenn man nach so vielem Aufwand und erreichtem Quali nicht auch den gangbahren Preyss erreichen sollte.[1] Um in Mähren die häuffige Sächsische Waare hintanzuhalten, hat man eine Preyss-Courrant dasiger Sorten verlanget, solche aber wegen jeziger, mit dieser Fabrique getroffenen Veränderung nicht erhalten können.

Bekanntschafft ist zu Lintz gemachet worden mit des Prissers, eines berühmten Spediteurs und Wechslers, Erben. Immigers Wittib, Günter, Ringmayer, Eglmauer, Semler, Schauer, Schederer, Scheibenbogen seynd gute Tuch- und Leinwand-Handlere. Das bekannte Abnehmen derer Lintzer Märkte durch die in Bayern mit vieler Hungarischer Wolle errichtende Tuchfabriquen und durch den hohen Zoll deren dahin aus Oesterreich führenden Waaren, empfinden sonderheitlich die Mährische und Böhmische Tuchhandlere. Zur rechten Zeit kann man den Centen Waare von Brünn bis Crems und von da aufm Wasser bis Lintz um 30 xr und von da bis Saltzburg um 1 Fr 30 xr liefern. Die Lintzer Elle ist grösser als die Wiener um 2 p C^{to}, Gewicht aber einerley.

33. Crems

ist beträchtlich wegen der Lage an der Donau und weilen es die Niederlag der Ober-Österreichischen Eisen-Waaren ist, auch die Waaren von da zu Land in Mähren und Schlesien gehen. Es wäre nutzlich, dem bishero mediante Bresslau mit Pohlen getriebenen Eisen-Handel directe durch die Erblande einzuleiten. (Desswegen die Preyss-Nota N° 60 zur Speculation erhoben worden.) Eisen-Gewölber halten Sutter, Antreich, Bitterlein und Huberts Wittib. Büchler führet Tuch und Halb-Rasch und könnte den Spediteur machen. Dort seynd auch zwey Landes-Specialia, Saffran und Senff, zu haben. Geld, Gewicht und Elle ist Wienerisch.

---

[1] Im Jahre 1754 konnte die Linzer Fabrik z. B. Kron-Rasche, welche die Schlesier zu 39—40 kr. lieferten, nicht unter 54 kr. die Elle abgeben. S. Fechner, Die handelspolitischen Beziehungen etc., S. 307 und 237. Ausserdem über die Linzer Fabrik: Ranke in seinen Werken, XXX, 37 (nach Fürst's Papieren); Schlözer, Briefwechsel X, 59. 201 ff.; Nicolai, Beschreibung einer Reise etc., II, 511 und in Beilage XV den Preiscourant der Fabrikate.

B. Reflexionen.

I. Primo wird jenes, was auf der Reyse beobachtet worden, in genere angeführet:

Es wird der Flachs- und Hanff-Bau und die Lein-Waaren-Erzeugung in Italien ausser der Lenussischen Fabrique, und was sonst weniges im Venetianischen, Toscanischen, Bolognesischen und Lombardie gethan wird, sehr negligiret. Der Verschleiss ist doch sehr gross, und liesse sich durch dieses so wohl gelegene Land auch in andere Welt-Theile ausbreiten. Die Teutsche Erb-Lande aber könnten solchen um so leichter an sich ziehen, als sie die materiam primam, viele arme, aber arbeitsame Inwohner, wohlfeile Lebens-Mittel, dann den Triester Haven und die besitzende Wälsche Länder zur Communication haben.

Mit Tuch- und Woll-Waaren ist schon nicht so viel zu thun. Dann nachdem solche im Venetianischen gäntzlich, im Romanisch- und Florentinischen aber die ordinari Tuche verbothen, die Englisch-, Holländisch- und Französische Fabricata sehr beliebt und die Venetianer in Verschleissung der ihrigen sehr vigilant seynd, so wäre nur durch Verbesserung des Qualis, Erzwingung des Pretii, Excludirung der Fremden in denen eigenen Italienischen Landen, und endlich durch Barattirung mit denen in denen k. k. Erb-Landen erforderlichen Sachen etwas zu thun. Bey denen Londres Seconds, welche Frankreich an Ancona nicht mehr überlassen, sondern selbst in die Levante verschleissen will, kommet zu beobachten, dass Ancona zu Continuirung ihres Negotii nach anderweitigen Provisionen trachtet, mithin dörffte diesfalls mit ihnen was zu machen seyn, wann die Waar mittels Überkommung Spanisch- und Portugiesischer Wolle verbessert würde. Wesswegen Venedig mit dem Levantischen Verschleiss ihrer nicht so gar guten Tüchern pro exemplo dienen kann. Wie dann auch andere Tücher in Ansehung des starken Verschleisses über Botzen eine Anwehr finden dörfften. Von wollenen Zeügen wären anerst die nöthige Fabriquen einzuleiten, um sodann den starken Englisch- und Sächsischen Verschleiss wenigstens von der Seite des Adriatici theilen zu können.

Eisen- und Stahl-Handel hat ohnedeme seinen guten Gang nacher Sinigallia, Napoli, Sicilien und brauchet nur mit dem Bedacht conservirct zu werden, dass das Zois'ische Monopolium mit der Zeit keinen Nachtheil bringe. Die feinere Waar aber, womit die Nürnberger den Meister spielen, brauchete einige Anstalten.

Kupfer hat guten Abgang, auch einigermassen der Messing in Tafeln, Rollen, Stangen und Drat über Triest; in der übrigen Waar aber thun die Nürnberger das mehrste. Auf derley Fabriquen wäre also um so mehr fürzudenken, als Italien viel brauchet und nichts erzeüget.

Der böhmische Glas-Handel brauchet keine Verbesserung und kann zur Speculation dienen, auch andere Negotia so weit auszubreiten.

Wachs- und Kerzenhandel seynd von gröster Wichtigkeit. Zu Hintertreibung des Venetianischen Kerzen-Monopolii ist die Unterstützung der Fiumeser Fabrique, welche ohnehin das Quale und vormahlige Pretium schon erreichet hat, das nächste Mittel. Um den Pohlnischen Wachshandel von Bresslau nach Troppau zu bringen, müste man, da ohnedeme der Ober-Schlesische Situs vortheilhafft ist, denen Pohlen gleiche Convenienz machen und die Bewandtnuss ihres diesfälligen Negotii mit Bresslau genau erforschen oder solche von dem auf der Messe gewesenen Lehnbanks-Inspectore erheben.[1]

Pfund-, Roth- und Weissgärberleder ist in Italien allenthalben zu verschleissen. Von Augsburg kommet zwar vieles dahin, solches ist aber kein anderes als Erbländisches Leder, massen absonderlich von denen Juden gantze Wägen rohe Häuthe nacher Bresslau geführet und von da weiter nacher Nürnberg und Augspurg spediret werden.

Quecksilber nihmt Italien aus Engelland, Schiess-Pulver und Tischler-Leim aus Holland, Hüth und wollene Strümpf aus dem Venetianischen, welch alles die Erbländer viel wohlfeiler dahin verschaffen könnten.

Italien hat nicht genugsames Getreyd, sondern nihmet den Abgang aus Sicilien, Levante, Engelland, Frankreich und Dantzig, und zu Livorno kostete der Sack von 160 bis 170 Pfund, so Waitzen als Korn, 12 Lire. Warum sollte also Hungarn ihren Überfluss nicht dahin liefern und denen nach Triest kommenden Schiffen die nöthige Rückladung verschaffen können?

---

[1] Kornhofer, der im Auftrage der Lehnbank dahin gereist war.

Wein dörffte zwar nicht nach Italien, wohl aber an die zu
Triest einlauffende Nordisch- und Holländische Schiffe, deren
eines letzthin 5 Monath auf Hungarischen Wein gewartet, zu
debitiren seyn. Weilen Italien viele Seide erzeüget und bearbeitet solches
aber in denen Erbländern genüglich nachzuthun annoch verschiedene Jahre erforderen dörffte, wo indessen zu Herbeyziehung deren Pohlen, Hungarn und Siebenbürger grosse Quanta
nöthig seynd, so wäre die Görtzische, Mayländische und Toscanische beste Seide, in so weit man sie zu denen Erbländischen
Fabriquen selbst nöthig hat, nicht an die Venetianer, Frankreich und andere Fremde zu überlassen und die bedörffende
Fabricata bis zur Selbst-Erzeugung aus eigenen Italienischen
Provinzien oder, wann solche da nicht zu haben, aus solchen
Orthen, wohin dargegen Landes-Waaren zu verstechen wären,
e(xempli) g(ratia) von denen Gebrüderen Trivelli in Reggio,
zu nehmen. Welches auch mit Öhl, Reiss, Früchten und
anderen Waaren, um das Geld im Land zu behalten, zu
beobachten und leicht zu erreichen wäre, massen einerseits
denen Wälschen an ihren nahmhafften Verschleiss in die Erblande viel gelegen ist und man in diesen genugsame Vortheile
hat, es denen nach Italien handlenden Preüssisch-Schlesiern,
Sachsen, Schweitzern und Reichern abzugewinnen.

II. Belangend den Triester Seehandel, so konnten 1° die
Levantische Waaren von da besser als von Venedig fast in
gantz Teütschland und Pohlen, und die Erbländische Waaren
in die Levante verschaffet werden, massen Triest nahmhaffte
Länder ejusdem dominii im Rucken hat und durch die dahin
machende, von dem Landsfürsten willkührlich facilitirt werden
könnende grosse Transporte die Levantische Kauff-Leüthe an
sich ziehen und die Nachbahren ob facilitatem speditionis wohlfeiler versehen kann. Woraus sich der Gegen-Verschleiss aus
schon angeführten Ursachen von selbsten ergiebet. 2do Wann das
Triester See-Negotium einmahl seinen rechten Zug gewinnet,
so können auch die Waaren aus denen übrigen drei Welt-Theilen
über Triest ebenso, als über Hamburg, in die Erb- und Reichsländer gebracht werden. Livorno könnte hierzu Gelegenheit
geben; dann nachdeme allda Schiffe von fast allen Nationen
einlauffen, Engelländer, Holländer, Portugiesen, Frantzosen daselbst Emporia halten und Cacao, Caffé, Stockfisch, Bresil-Holtz,

Fernambuck, Indigo, Thee, Ingwer, Pfeffer, ja sogar Moscowitische Juchten wegen vortheilhaffter Barattirung von Livorno besser als von Hamburg tourniren, so wurden diese Schiffe, wann man von ihnen anfänglich die Erfordernussen zu Livorno abziehet, endlich selbst nach Triest kommen, die Frequenz wurde den Preyss mindern, und das meiste Hamburger Negotium liesse sich nicht nur auf Triest ziehen, sondern auch über das Meditullium zwischen Hamburg und Triest von darumen extendiren, weilen die gute Erbländische Weege den Transport geschwinder und wohlfeiler machen, fremde mit Zöllen beschwehrte Territoria evitiret werden und auf eigenem Grund alles nach Gutbefund erleichtert werden kann. Venedig wird zwar dargegen, absonderlich in Betreff des Levantischen Commercii, alles tentiren und könnte mit ihrer See-Macht wichtige Hindernüsse machen. Da aber in Rücksicht der K. K. Landes-Macht nicht leicht was zu besorgen, so seynd solcher gestalten von Triest mittels Livorno mit Frankreich, Spanien, Portugal, Engelland, Holland, dann in ordine des Wälschen Negotii in die Häven des ganzen Littoralis Adriatici et Mediterranci, sofort in beyde Sicilien die Communicationes offen. Und lassen sich auch die Verschleisse mittels Ancona im Kirchenstaat, mittels Ferrara gegen Bologna, auch ins Toscanische, auf dem Po in die Lombardei, Piemont und gegen Genua, und auf der Landseite durch Tyrol ohne Betrettung des Venetianischen, wann man daselbst den Transito beschwehren wollte, extendiren.

III. Belangend die Negotia deren besuchten Ortbschafften, so seynd die meisten Gratzer Kauff-Leüth denen Erbländischen Fabricatis abgeneigt, welche Gesinnung ihnen durch eine gleiche, die Erbländische Fabriquen befördernde Tariff, ad exemplum Bohemiae, zu benehmen wäre.[1] Wobey auch die von ihnen löblich unterhaltende gedruckte Leinwand-Fabrique alle Protection verdienet.

Bey Laubach ist die nehmliche Correction erforderlich, und scheinete nicht übel zu seyn, die Zeboldische Seiden-Fabrique, intuitu deren darauf schon gemachten Spesen und überflüssigen Görtzer Seide, nach vorläuffiger Untersuchung wieder emporzubringen.

[1] Der Zolltarif für Böhmen, Mähren und Schlesien war am 1. April 1753 in Kraft getreten. Am 2. April 1755 erschien der für die Österreichischen Erbländer. Vgl. Archiv f. Österr. Geschichte, LXIX, 35.

Es scheinet zwar, dass bey Fiume, welches ein so schlechtes Negotium hat, nichts tentiret werden sollte, bis nicht Triest emporgekommen ist; vieles liesse sich aber auch ohne Schaden von Triest thuen. Also wäre 1mo: eine sehr nutzliche Messe, um die Kauffleüthe von der von Sinigallien herüberzuziehen, besser zu Fiume als zu Triest, wo ohnedeme ein beständiger Markt ist, anzulegen; und eben desswegen mag die Sinigallier Messe nicht in dem berühmten Haven Ancona angeleget worden seyn. 2do: die Hungarisch- und Croatische Producta, absonderlich Getreyd, seynd leichter nach Fiume zu bringen; und wann man darbey nur die Fracht-Spesen bis Triest gewinnet, so kann das Negotium reichlich bestehen. 3^{tio}: wären mit Erbländischen Waaren verschiedene kleine, des Jahrs aber doch etwas betragende Negotia an die dort einfahrende Partheyen zu machen. — Die Fiumeser Zucker-Siederey wäre quovis modo zu unterstützen, da selbe das Quale bereits erreichet und das Pretium so heruntergebracht hat, dass selber denen Brünnern gegen dem Hamburger schon würklich à conto gehete, wann er als ein Erbländisches Productum nur dem Zoll ohne Aufschlag unterliegete. Durch die Arnoldische Wachs-Fabrique zu Fiume kann denen Venetianern der nahmbaffte Italienische Verschleiss disputiret, der Pohlnische Wachs-Baratto befördert und viele Leüthe ernähret werden. Um aber solche gegen die vorhabende Unterdruckung derer Venetianer zu schützen, wären denselben in denen K. K. Wälschen Staaten einige Vortheile vor denen Venetianern zu verleihen, damit sie durch fortsetzenden Verschleiss zu mehrerer Facilitaet gelangen können, massen sich dieses Werk zu Fiume besser als zu Venedig besorgen lasset und es nur an guten Anstalten fehlen müste, wann man die Venetianer künfftig im Preyss nicht übersehen sollte!

Triest hat besagter massen über Venedig verschiedene Vorzüge; es fehlet aber zu Emporbringung des dasigen Commercii an genugsamen für die Erbländische Fabricata gut gesinnten Kauff-Leüthen, welche im Stande wären, denen dahin kommenden Schiffen die Zufuhr abzunehmen und die gesuchte Ladung zu geben. Wo nun Gewinn ist, da gibt es auch Kauff-Leüth und entstehet der Gewinn aus dem Handel, dieser aber aus eigener und fremder Bedürfnuss. Wobey es dann auf Cognition und Anstalten ankommet. Mit der Cognition, was man aus fremden Landen brauchet und denenselben dargegen vom eigenen Überfluss überlassen kann, wie auch mit Herstellung des Quanti, Qualis et Pretii beschäfftiget sich das Mährische Manufacturen-Amt. Was aber fremde Länder aus denen Erblanden brauchen, oder denenselben mittheilen können, wird aus Reyson, wie die vorgeweste, am besten erlernet. In Betreff deren Anstalten, und da sich das totum consumptionis deren Erblanden an fremden Waaren auf viele Millionen belauffen muss, darff man denen Kauff-Leüthen nur den Fingerzeig geben, dass was rechtes hierbey zu gewinnen seye, und wird es bey vielen Capi nur den Instrado erforderen, dass man die Waare nacher Triest kommen und die Convenienz des Preyses gegen Hamburg denen Erbländischen Negotianten durch Preyss-Courranten kund werden lasset. Bey anderen hingegen wurde eine Zoll-Verminderung, wann sie über Triest, oder eine Erhöhung, wann sie über Hamburg kommen, erforderlich, dieses aber weder dem Publico noch dem Aerario schädlich seyn, massen man die wenige nothwendig von Hamburg kommen müssende Waaren über Triest nicht zu zwingen gedenket, sondern nur jene verstehet, welche so leicht nach Triest, als nach Hamburg gebracht werden können; nach welch eingeleiteten Zug obige Hülffen nicht mehr erforderlich seyn werden. Die Erbländische Kauff-Leüthe können bey dieser Verwechselung des loci unde in die Stelle derer Hamburger tretten, mithin sich entweder selbst zu Triest etabliren oder daselbst Factores halten und allerhand Negotia anstossen. Zu einem Anfang wären nur einige Compagnien gleich der Arnoldischen nöthig, welche sich aber mehr ad negotia, als auf Fabriquen zu verlegen, Niederlagen zu halten und sowohl Inländern als Fremden die Nothdurfft mit Convenienz zu verschaffen hätten. Derley Compagnien werden, wann man nur denen Leüthen den Nutzen demonstriret und Sie behörig einleitet, leicht aufzubringen seyn, welches zu erreichen dem Commercien-Directorio überlassen wird.

 Nachdem Exempla vorhanden, dass Frankreich die Seide durch ihren Aufkauff offt vertheueret, so wäre denen Venetianern die Ausfuhr der besten Görtzer Seide nicht leicht zu gestatten, sondern solche zu eigenen Fabriquen anzuwenden und denen Venetianern die Gelegenheit zu benehmen, uns ihre, aus unserer Seide verfertigte Waar um doppeltes Geld zu verkauffen. Deme noch beyzusetzen kommet, dass die Görtzer

Tuch- und Lein-Waaren von Udina holen und man dargegen solche in das Venetianische nicht führen darf. Venedig ist ein Haubtfeind von Triest, mithin muss man sich dargegen in Verfassung setzen, auch ihre Fabricata, wann man solche in Ländern selbst erzeuget, hindanhalten. Ob eine Banque ad exemplum der Venetianischen zu Herüberziehung des Wechsel-Negotii zu Triest aufzurichten nutz- und nöthig seye, wird höherer Einsicht überlassen.

Es könnte ein Einverständnuss mit dem Kirchen-Staat, Parma und Modena nicht schaden, um den Transport deren von Triest gegen Ferrara bringenden Sachen auf dem Po sowohl gegen das Florentinische bis Bologna, als in das Mantuanische, Mayländische, sofort von Pavia gegen Genua zu Land, weiters aber auf demselben bis Turin zu erleichtern.

Der berühmte Sinigallier Markt wäre allerdings zu frequentiren, massen man die von denen Venetianern, Sachsen, Schweitzern, Schlesiern und Reichern dahin bringende Tuch-, Lein- und andere Waaren aus denen Erblanden wohlfeiler verschaffen kann. Solches gebete auch Gelegenheit zur Bekanntschaft mit vielen Negotianten zum Gegenkauff, Baratto, Anlockung nacher Triest oder auf den allenfalls aufrichtenden Fiumeser Markt.

Ancona ist geschickt bis gegen Rom zu handlen, die Mess von Recanati zu bauen und die auf dem Sinigallier Markt nicht verkauffte Waaren, um sich nach demselben der Verzollung nicht unterwürffig zu machen, dahin zu bringen, und von denen daselbst aus- und einlauffenden Schiffen zu profitiren.

Da von Loretto jährlich um 50,000 Fr Rosen-Cräntze kommen und die hierzu erforderliche verdorbene Pomeranzen leicht nach Triest oder Fiume zu bringen seynd, so könnten einige Drächslere daselbst guten Verdienst finden.

Foligno wäre aus dem Waaren-Lager von Ancona zu providiren und die Negotianten, wann sie nicht die Waaren franco Triest abnehmen wolten, Sicherheit wegen an den Correspondenten in Ancona zu verweisen.

Florenz und Livorno hat bishero viele in denen Erblanden erzeugenden Waaren ex defectu cognitionis aus anderen Ländern genommen und sich der einverstandenen halben Zollabnahme nur respectu seiner Waaren zu erfreuen gehabt. In

Rücksicht dieser Vorzüglichkeit und obschon die in dem Porto Franco Livorno ein- und auslauffende Sachen zollfrey seynd, kann man doch alle andere Nationes im Verkauff-Preyss übersehen, mithin wäre sich der Gelegenheit mit Ernst zu gebrauchen. Sonst ist dieses der schon besagte Platz, die Erbländische Waaren, bis Triest emporkommet, in der Welt auszubreiten, Portugiesisch- und Spanische Woll und auswärtige Farb-Waaren für die inländische Fabriquen zu erlangen und endlich das Hamburger Negotium zu übertragen, worzu die heilsame Absendung deren Schiffe von Livorno nacher Trioste würklich die Hand biethet.

Von Lucca, Bologna, Modena, Reggio, Parma, Piacenza wären zu Herbeybringung deren Hungarn und Siebenbürger die ihnen anständige Seiden-Waaren, bis man sie selbst erzeugen kan, mittels barattirenden Tuch- und Lein-Waaren herzunehmen, absonderlich aber mit dem schon berührten Bologneser Hanff-Bau, allenfalls mit Verschreibung eigenen Saamens, eine Prob zu machen.

Im Mayländischen ist nicht nur eine grosse Consumption, sondern auch ein beträchtlicher Zug gegen Genua. Man kennet aber ebenfalls die Erbländischen Waaren nicht, und wann auch etwas davon hinkommt, so beschiehet es durch Ausländer, welche dargegen Mayländer Waaren in die Erbländer bringen, folgsam doppelten Nutzen haben. In Rücksicht des viel geräderen Weegs aber, und absonderlich wann, wie im Florentinischen, der Favor des halben Zolles hinzutretten sollte, könnte man es denen Preyssisch-Schlesiern, Sachsen und Reichern, so über Lindau und Chur dahin kommen, leicht abgewinnen. Und da Venedig den geraden Weeg durch ihr Territorium difficultiren dörffte, könnte man sich der in der Beschreibung bemerkten anderweitigen Strasse, oder der Fahrt auf dem Po bedienen, alwo aber auf Moderationes des Zolls zu Cremona fürzudenken wäre und sonach auch das Mantuaner Commercium belebet werden könnte.

Verona, Roveredo, Alla und Trient schlagen ins Botzner Commercium. Ersterer Orth nihmt von da viel Tuch- und Lein-Waaren, aber wenig Inländische. Bey Roveredo wäre an der Seide zu gewinnen. Die Sammet von Alla gehen stark nach Leipzig für die Pohlen, Hungarn und Siebenbürger, die Seide aber wird von denen Venetianern genutzet, so doch alles zu denen Erbländischen Commercien und Fabriquen verwendet werden könnte. Mit der beschriebenen Manipulation derer Maulbeerbäume im Trientischen wäre ein Versuch zu thun, und hat sich ein ansehnlicher daselbst befindlicher Mährer hervorgethan, welcher solches gegen einen mässigen Gehalt unternehmen und das Land-Volk in der Seiden-Erzeugung abrichten wollte. Zu Botzen, wo Gelegenheit vorhanden, allerley Erbländische Waaren in recht grossen Quantis abzusetzen, wäre das nunmehro verfallende Negotium nach Möglichkeit zu unterstützen und zu verordnen, dass sowohl dasige Messen mit denen in der Beschreibung angezeigten Erbländischen Waaren gebauet, als auch von der Tyrolischen Repraesentation ein in Handlungs-Sachen erfahrener Commissarius zur Mess-Zeit dahin geschicket werden solle, welcher alle Umstände zu bemerken und samt dem dasigen Mercantil-Magistrat an Hand zu geben hätte, wie denen antreffenden Nachtheiligkeiten abzuhelffen wäre, auf welche Arth viele bishero verschwiegene oder ungleich angebrachte Sachen ins Klare gesetzet werden dörfften.

Bey Halle und Inspruck ist über das schon Bemerkte noch anzuführen, dass Inspruck bey weiten keine so vermögliche Handels-Leüthe wie Saltzburg habe, ohngeacht es die Botzner Märkte näher als Saltzburg frequentiren kann.

Die Saltzburger Negotianten seynd durch ihre beträchtliche Abnahme auf denen Lintzer Märkten denen Erbländischen Negotiis fürträglich und würden es noch mehr seyn, wann man ihnen die von denen Sachsen und Schlesiern nehmende Waaren verschaffete.

Zu Wiederherstellung des für die Mährische Tuche so importanten Lintzer Commercii wären die Weege des vormahligen Debits und was solchen jetzo hemmet zu untersuchen. Bekannter massen seynd vorhin viele Tücher in Bayern und von dort weiter gegangen. Dependiret also von höheren Befund, ob nicht mit Bayern ratione commercii ein Vernehmen zu treffen, oder wenigstens die Weege des weiteren Debits zu öffnen wären, da doch auch Bayern für seine Fabriquen die Hungarische Wolle brauchet. Bey der Lintzer Fabrique ist nicht zu begreiffen, warum nach erreichtem Quali in allerhand Waaren nicht auch das Pretium mittels guter Anstalten erreichet werden sollte? Wegen des grossen Mangels an derley Waaren wäre zu verstatten, dass man sich von seithen Mährens

in sothaner Fabrique über ein und anderes belehren und
etwelche Persohnen dahin in die Lehre geben dörffte. Durch
die in Pohlen so annehmliche Eisen-Waar der Ober-Österreichischen Gewerbschafft wäre das Pohlnische Wachs-Negotium
einzuleiten und der Baratto in Troppau zu facilitiren.
Das Negotium mit denen Italienern brauchet eine grosse
Fürsichtigkeit, massen sie zwar sehr accurat aber bis zum Betrug eigennützig seynd und sich absonderlich in der Correspondenz solcher Ausdruckungen gebrauchen, welche sie auf alle
Fälle zu ihrem Besten auslegen können. Die Wälsche Justiz
ist gegen die Schuldnere prompt und scharff; man arretieret
sie sonder Umgang und entlasset sie nicht, sie haben denn
völlige Richtigkeit gepflogen. Nachtheilig aber ist das Asylum
in Clöstern, wo sie zu grossen Schaden ihrer Creditorum auf
Nachlasse accordiren.

IV. Betreffend das Mährische Commercium in specie,
so hat dieses Land quo ad intra sehr berühmten, häuffig ausführenden Flachs und vielen Hanff. Die Woll ist zwar nicht
so gut, kann aber verbessert und vermehret werden, auch ist
der Hungarische Überfluss an der Hand. Man hat viele auch
ausländische geschickte Woll- und Lein-Arbeitere, wohlfeile
Lebensmittel, und denen Manufacturen wird durch die neuen
Tariffen und durch die Obsicht des Manufacturen-Amts aufgeholffen, mithin seynd alle Erfordernussen vorhanden, derlei
Fabricata durch Güte und Wohlfeilkeit in der Welt auszubreiten.
Quo ad extra, und praescindendo von der Communication mit
denen Teutschen Erbländern, ist Mähren das Land, woher
Hungarn seine erforderliche viele und im Land selbst nicht
erzeügende Woll- und Lein-Waaren am nächsten und wohlfeilsten zu hohlen hat, und bei dieser Gelegenheit zur Abnahm
anderer Waaren wie ehehin vermöget, mithin von Leipzig,
Frankfurth an der Oder und Bresslau abgezogen werden kann.
Es werden freilich denen Hungarn viele mährische Fabricata
hujus rubricae zugeführet. Weilen sie aber solche nicht selbst
in Mähren hohlen dörffen, so folget eben hieraus, dass sie
alles Übrige aus obbesagten fremden Örthern hernehmen. Und
da der grösste Handlungsflor eines Orths darinn bestehet, wann
fremde Waaren dahin gebracht, die eigenen aber von dannen
gehohlet werden, so müsse man trachten, denen Hungarn alles,
was sie nur brauchen, in denen benachbarten Erblanden zu ver-

schaffen und ihnen die Abnahme aus fremden beschwerlich zu machen. Zu Erreichung des Ersten müssen zu Brünn, wohin die Woll- und Lein-Waaren besonders wohlfeil beygeschafft werden können, die allschon bestimmten Messen eingeleitet werden, um denen Hungarn das Beneficium des kurtzen Weegs zuzuwenden. Ingleich wäre erforderlich von jenem, was die Hungarn aus der Fremde nehmen, Waaren-Lager aus der ersten Hand, woher es nehmlich Leipzig, Frankfurth, Bresslau nähmet, anzulegen, um sie in gleichen Quali et Pretio bedienen zu können; wobey auch nützlich wäre, mit denen grössten Hungarischen Negotianten Bekanntschafft und ihnen Offerta zu machen. Das Andere, nehmlich die Weege aus fremden Landen, zu praecludiren, kann anderst nicht als durch Landesfürstliche Anordnungen, gleichwie die rectificirte Hungarische Tariffa ist, erreichet werden.[1]

Mit Pohlen hat es quo ad manufacta die Beschaffenheit wie mit Hungarn, mit dem Unterschied jedoch, dass es weniger baares Geld giebt, und man Juchten, Wachs, Vieh, rohes Leder, Woll, rauhes Futter-Werk, Padian etc. gegen fremde Waaren zu verstechen suchet. Da nun die Pohlen zeithero in Bresslau allerhand bessere Tücher, Halb- und Ganz-Rasche, Strümpf, Hüth, wollene Zeüg, Seide, Nürnberger Waare, feinere Leinwanden, Spezerey, Friandis, Wein und viele Steyrische Eisen-Waare eingehandlet, Bresslau selbst aber viele von diesen Waaren aus denen Erblanden nihmt oder durch solche kommen lasset, diese also erwehnte Waaren selbst erzeugen oder füglicher ab extra verschaffen können und die rohe Pohlnische Producta aller Orthen ihre Anwehr haben, so wäre Troppau gegen Pohlen, wie Brünn gegen Hungarn zu einem Handelsplatz zu machen, mit dem Bedacht jedoch, dass auf eine Troppauer Messe bald eine Brünner Messe zu folgen hätte, auf welcher die Pohlen dasjenige respective anbringen oder haben könnten, was ihnen zu Troppau übrig geblieben oder nicht zu haben war.

Preussisch-Schlesien und Sachsen ist denen Erbländischen Woll- und Leinfabriquen selbst überlegen, mithin bei denenselben diesfalls nichts zu tentiren. Was Sachsen an Garn und Preussisch-Schlesien an Flachsgarn, rohen Häuthen und unzugerichteten Leinwanden abnihmet, ist nur in so weit vortheilhafft als es einen

---

[1] Der Schutzzolltarif für Ungarn datirte vom 1. October 1754.

selbst nicht verarbeiten könnenden Überfluss ausmachet. Wann man es aber diesen beiden Ländern, wie es seyn kann, nachthun will, so erfolget doppelter Nutzen, nehmlich die Nahrung deren Landesfabrikanten und nebst Herbeybringung des Commercii auch der Gewinn, so diese beyde Länder jezo ziehen. Dermahlen wird auch Pottasch, Knoppern, gedörrtes Obst, Wein, etc. als ein Überfluss nach Schlesien nützlich versendet, welches man dortlandes, wegen vorhabender Emporbringung deren Erbländischen Fabriquen, per repressalia, wiewohl allzeit mit Schaden des eigenen Commercii, zurückhalten dürfte. Es hat aber nicht viel zu bedeuten, denn das übermässige Pottaschenbrennen ist nur eine Verschwendung des Holzes, so man in andere Weeg besser verbrauchen kann, und für die übrigen Sachen, bis auf den Wein, seynd die Verschleiss-Weege über Triest offen, und der hoffende Gewinn weit grösser, als dieser geringe Einbuss. Was aber ein und andere Particulares hierunter leiden dörfften, verdienet intuitu boni publici keine Consideration und könnte auch diesen Particularibus in andere Weege geholfen werden. In Bayern und dem Römischen Reich, allwo es auf Local-Erforschung ankommt, ist dermahlen nur mit Tuch etwas zu thun, respectu Italiens aber das Nöthige schon angeführet worden.

Die Mittel zu Erhebung des Mährischen Comercii seynd: 1mo die Excolirung deren Landes-Sachen nach dem Geschmack der Abnehmer und Bewürkung eines a conto gehenden Preyses, 2do die Facilitirung derer Verschleisse und Beybringung derer Fabrique-Requisiten und anderer die Debite ad extra befördernden Waaren, 3^{tio} die Aufbringung hinlänglicher Kauff-Leüthe zu Ausführung der unternehmenden Negotien. Ad primum beschäfftiget sich schon das Manufacturen-Amt, die Erkanntnuss derer Landes-Facultatum, Überfluss und Abgangs-Zahl und Geschicklichkeit der Professionisten etc. zu erlangen und die Gebrechen zu verbessern, wie dann zu verschiedenen neuen Erzeugungen, als Röthe, Weyde, Maulbeer-Bäume, feiner Tuch-, Lein- und Zeug-Arbeit, Gelbgiesserey, Camelhaar-Gespunst etc. der Grund geleget worden. Ad secundum ist der Grund durch die Tariffen, Frey-Pässe auf die Fabrique-Nothdurfften, eingeleitete Messen, gute Weege, Post- und Fuhrwesens-Anstalten etc. ebenfalls schon geleget, und vortheilhaffte Commercien-Tractate werden es noch mehr unterstützen. Dahero ad tertium annoch

die Aufbringung der Negotianten zu besorgen wäre, massen in
Mähren ausser der Lehnbanks-Compagnie keine zu denen erforderlichen Unternehmungen geschickte Handels-Leüthe vorhanden seynd, sondern die Besten unter ihnen, nehmlich die
Brünner, tragen nur das Geld aus dem Lande und suchen
von dem Land-Mann zu gewinnen. Das Negotium erfordert
Wissenschafft und Geschicklichkeit, Geld und Credit, Lust
und patriotische Gesinnung, welches sich aber selten in einer
Persohn vereinbahret, dahero wäre auf Compagnien, so viel
möglich aus Erbländern bestehend, fürzudenken, deren auf der
vorgehabten Reyse verschiedene Wohlstehende angetroffen worden. In einer solchen Compagnie müsste sich in ordine der
Geschicklichkeit und Wissenschafft wenigstens ein in der Handlung wohl versirter und gut renommirter, obschon mit keinem
grossen Capitali eintrettender Kauffmann befinden. Die übrige
Interessenten könnten allenfalls nur Geld beytragen, welches
sonder Zweifel zu allen Unternehmungen hinreichend beyfliessen
würde, wann nur denen Vermöglicheren durch Demonstrirung
des Nutzens Lust zur Handlung beygebracht und ihnen die
dem Publico et Commercio so schädliche Gemächlichkeit, von
denen Interessen zu leben, benommen, haubtsächlich aber die
Beytrettung des Adels mit seinem Vermögen erreichet werden
könnte. Wobey nicht unberührt zu lassen, dass solcher in
Frankreich durch eine königl. Erklärung, wienach ein Commercium all grosso demselben nicht derogire, aufgemunteret
worden, und dass das Venetianer Commercium abgenommen
habe, als sich die Nobili desselben zu entschlagen, mithin es
an Protection, Anstalten und Krüfften zu gebrechen angefangen.
Denen Ausländern wären die Inländischen Handlungen, absonderlich bei Herbeibringung eines ansehentlichen Capitals nicht
zu verwehren, doch seynd die Negotia samt dem Nutzen in
denen Händen derer Erb-Unterthanen besser aufgehoben.
Wenigstens solten die Ausländer mit denen Inländern ver-
bunden, übrigens aber die patriotische Gesinnung durch vorbie-
gende Gesätze eingeprüget werden, massen sonst der Kauffmann
sein Interesse dem Publico vorziehet. Es wäre kundzumachen:
1mo dass man denen, so nutzbahre Handlungen etabliren wollen,
alle billige Freyheiten und Sicherheit verwilligen, die kostbahre
Cognitiones beybringen und zu Instradirung des Negotii samt
dem Fingerzeig allen Vorschub geben wolle. 2do Nachdeme die

bisherige Geringschätzung derer Kauff-Leüthen verursachet, dass sie nach erworbenen Capitalien den Adel und Güter erkauffet, das Geld aber dem Negotio entzogen, so müssten sie versichert werden, dass man jenen, so gewisse vortheilhaffte Vorkehrungen erweisen wurden, nach Proportion die in linea commerciali offen werdende Raths- oder andere Ehren-Stellen, ja sogar den Adel verleihen wolle; massen auch Venedig den berühmten Leinfabrique-Entrepreneur Lenussi für einen Nobile angenommen. 3^{tio} hat sich bishero in Mähren von darumen kein Kauffmann auf den Grosso-Handel verlegen wollen, weil sie darbey nicht minutiren dörffen, wo doch dem Minutirer all grosso zu handlen freystehet. Dahero wären die Minutirer einzuschränken, die Grossirer aber, besonders anfänglich, zu befördern, welches dardurch erreichet würde, wann da, wo der Verleger aufhöret, der Minutirer anfangen darff, und dem Ersteren die Verkauffs-Quanta möglichst herabgesetzet werden, e(xempli) g(ratia) bey denen Tüchern bis auf ein ganzes Stuck und so weiter. Dann wann man dem Verleger auch den gäntzlichen Minuta-Handel lassete, so dürffte sich selber darmit begnügen und sich um den Debit ad extra nicht bekümmern. Wann aber der Minutirer, so selten die rechte Wissenschaft hat, auch den Verleger macht, so wird diesen Letzteren der Handel verdorben.

Pro nunc sollte forderist die Lehen-Bank von denen beschriebenen nützlichen Erforschungen profitiren und mit nützlichen Unternehmungen die Bahn brechen.